ブラック授業技術

今さら聞けない基礎・基本

中村 健一 著

明治図書

はじめに

私は、技術を使って、授業をしている。

45分間に、いくつの技術を使っているか？分からないほどである。

最近、若手から、

「中村先生の授業を見せてください」

と、お願いされることが増えた。私の答えは、もちろん、ＯＫだ。

そんな時、私は、特別な授業はしない。いや、特別どころではないな。できるだけ面白くないところを選んで、授業をする。教科は、算数が多い。

私は、国語が得意だ。いろいろな指導法やネタを知っている。もちろん、教科書は使う。それでも、私独自のスペシャルな授業になってしまう。社会科も、同じである。

一番の苦手は、理科。だから、学習ノートの流れに沿って、授業をする。本当なら、理科の授業こそ、見せたいところだ。しかし、理科は、専科。

そこで、得意ではない、算数の授業を見せるのである。

私の算数の授業は、教科書通り。教科書の流れに沿って、授業する。問題の順番を変えることさえない。教科書の問題の順番には、意図が隠されていることが多いからだ。

この歳になって思うのだが、教科書はよくできている。私と違って、算数の得意な方、算数のスペシャリストがつくっているのだ。教科書がよくできていて、当たり前である。

シロウトの私が、勝手に流れを変えて授業をするなんて、おこがましい。

若手に、そんな普通の授業を見せるのには、訳がある。

若手教師に、私の授業技術を伝えたいからだ。遺したいからだ。

教科書通りの普通の授業に、子どもを乗せる。そのためには、技術が必要だ。普通の授業の方が、私がどんな技術を使っているかが分かりやすい。私は、そう考えている。

だから、授業が終わった後、若手に聞く。

「俺の授業を見て、何を学んだ？何が真似できそう？」

若手の答えは、

「子どもたちが、とっても楽しそうでした。やっぱ授業は楽しいことが大切だと、学びました。それを真似したいです」

「本当に、全員参加していて、サボる子がいませんね。全員参加を真似したいなあ」

こんな答えが多い。

子どもたちが楽しそうなのには、理由がある。サボる子がいないのにも、理由がある。


私が、授業を楽しくする技術を使っているからだ。

子どもたちにサボらせない技術を使っているからだ。


それなのに、若手は、技術が見えない。技術を使ってどうなったか？　その結果しか見えない。

そこで、商魂たくましい私は、思いついた。

「今度の『ブラック』は、『教師の授業技術』だ！」

と。シリーズ累計10万部超えの大ヒット作である。タイトルに『ブラック』とさえつければ、そこそこは売れる。

また、ブラックシリーズは、この本で10冊目である。やはり9冊で終わるよりは、キリよく記念の10冊を出したい。そんな思いもあった。私は、普通の庶民的な男なのだ。

さあ、最後に、腹黒く叫ぼう。

授業を成り立たせるためには、教師の技術が必要だ。
腹黒い邪悪なブラック「技術」で、子どもたちをあなたの授業のとりこにしてしまえ。

2023年7月21日　1年間で一番好きな夏休み初日に

中村　健一

もくじ

第1章

これだけは身につけたい教師の基礎技術

第2章

お笑い・「前説」に学ぶ教師の応用技術

第3章 小さいけれど効果を生む教師の微細技術

第4章 おまけ「最後の捨てゼリフ」

第1章

これだけは
身につけたい
教師の基礎技術

技術は、真似して、使って、ナンボ

小さな学校に転勤した。全校児童が150人に満たない田舎の小学校である。子どもたちは、とても落ち着いている。教師を尊敬する雰囲気も残っている。反抗的な子もいない。いきなりの6年生担任だが、この学校なら大丈夫そうだ。

私も、50歳を過ぎた。ご隠居生活を送るには、最適の学校である。

しかし、その一方で、物足りなさを感じている自分もいる。40代の働き盛りだったら、この環境には、我慢できなかっただろう。

そして、『ブラック』シリーズも、誕生していない。そう考えると、困難校に勤めるのも、悪くはない。

この歳になって、しみじみと思う。

人生は、よくできている。必要な時に、必要な学校に、勤務するようになっていたのだ。

荒れた学校で苦労している教師、学級崩壊で苦しんでいる教師に、この言葉を贈りたい。

きっと神様が、あなたに、必要な試練を与えてくれているのである。

今回、私が小さな学校に異動したのにも、きっと訳がある。神様が今までのご褒美に、少しはのんびりしろ、と言っているのだと思う。

こんな小さな学校に、勤務したことがなかった。そこで、様々なカルチャーショックを受けている。

たとえば、修学旅行である。

大規模校では、当然、その学校だけで行っていた。しかし、小さな学校は、単独での開催は、無理。そこで、近くの小学校と、5校の連合で行くことになっている。

他の学校の子どもたちとは、当然、初対面。そこで、修学旅行の中で、お互いの学校を紹介する交流会が企画されている。

私のクラスの子どもたちは、クイズを出題して、学校紹介をすることにした。

私のクラスの子の発表を聞いて、驚いた。同じように、クイズで紹介する学校が、ほとんどだ。それなのに、私のクラスだけ、はっきりと違う。それは、

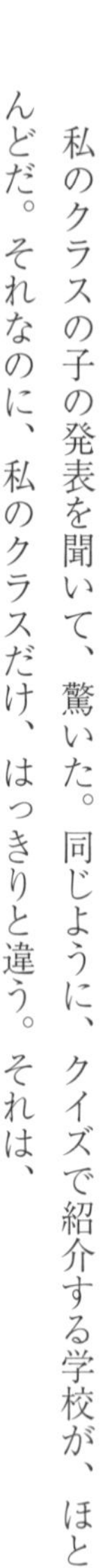

子どもたちが、私の使っている技術を真似している

からに、他ならない。

修学旅行は、6月1日。私と子どもたちが出会って、まだ2ヶ月しか経っていない。それなのに、これだけの技術を吸収していることに、驚かされた。

真似して使えるのが、技術である。

しかも、第1章で紹介するのは、小学生でさえ真似して使える技術。超・基本技術である。子どもにできるのだから、若手教師たちも、真似して使えて、当たり前だ。

子どもたちが、私のどんな技術を真似しているか?読者に分かるだろうか?

少々長くなるが、次のページから、子どもたちの発表を全部紹介する。

優れた「授業技術」は、小学生でも真似できる

連合の修学旅行で、各校がした学校紹介。私のクラス、小学6年生の発表である。
少々長くなるが、子どもたちの発表を全て紹介する。
私のどんな技術を真似して使っているか?メモを取りながら読んでほしい。

❖　❖　❖　❖　❖

今から、○○小学校の発表を始めます。気をつけ、礼。「お願いします」(礼をする)
今から○○小のクイズを3問出します。全問正解できるように、がんばってください。
第1問、○○小学校の全校児童は、何人でしょう?

①136人　②124人　③151人

指で番号を出してください。正解は、①の「136人」です。①の人は、手を挙げてください。正解した人に、拍手をしましょう。

第2問、○○地区にある公園の数は、何個でしょう？

①1個　②3個　③5個

指で番号を出してください。正解は、③の「5個」です。③の人は、手を挙げてください。正解した人に、拍手をしましょう。

第3問、○○小学校の校舎は、上から見たら、何の漢字でしょう？

①人　②命　③友

指で番号を出してください。正解は、①の「人」です。①の人は、手を挙げてください。
正解した人に、拍手をしましょう。

全員、立ってください。0問正解の人は、座ってください。1問正解の人は、座ってください。2問正解の人は、座ってください。

立っている3問全問正解の人に、大きな拍手を贈ってあげましょう。

座ってください。これで、〇〇小の紹介を終わります。気をつけ、礼。「ありがとうございました」（礼をする）

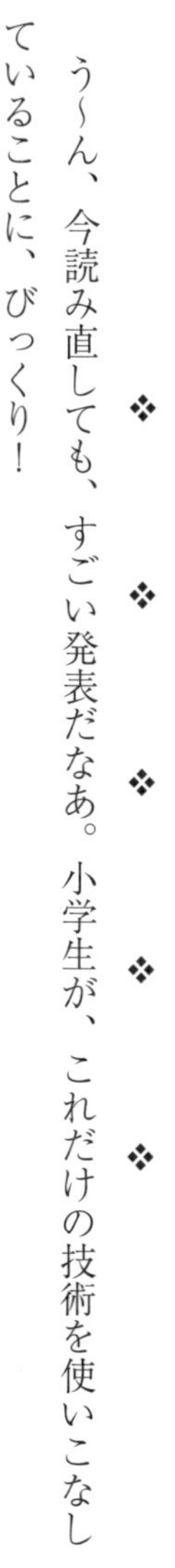

う〜ん、今読み直しても、すごい発表だなあ。小学生が、これだけの技術を使いこなしていることに、びっくり！

もちろん、大人である読者は、全て気づいたよね。いや、単なる大人ではなく、プロの教師だもんなあ。

と、読者を挑発（ちなみに、挑発も、立派な技術。「君たちには、無理だろうけど」「この問題が解ける人は、いないと思うよ」と挑発すると、子どもたちは、やる気になる）したところで、正解発表！いや、紙幅が尽きた。正解は、CMの後で。（もちろん、ウソ）

小学生が忘れない「フォロー」を教師こそ忘れるな

それでは、子どもたちが使っている技術を紹介していく。しかし、正直、迷った。時系列で、紹介するべきか？大切な順に、紹介するべきか？

時系列の方が、分かりやすい気がする。しかし、あえて大切な順にする。だから、

これから紹介する技術は、書いてある順に、優先的に身につけていくべきだ

ということになる。

最後まで読まない読者も、いるだろうしね。最初の方を読むだけでも、いいようにしておこう。で、大切な技術だけでも、学んでほしい。

そして、学んだ技術をクラスで試せば、効果が実感できるはず。そして、続きも読みたくなるはず。そして、本屋で、買ってくれるはず。Amazonで、ポチッとしてくれるはず。最初に紹介する技術を、1つでも2つでもいいから、真似してやってみてほしい。

まず、一番大切なのは、

> 正解は、①です。①の人は、手を挙げてください。正解した人に、拍手をしましょう。

の部分。子どもたちは、「第1問」から「第3問」まで、これをくり返し行っている。「正解した人に、拍手」を贈る。この「拍手」は、称賛の意味をもつ。つまり、正解者を褒めている。

クイズを出題しているのだ。クイズを出しておきながら、誰が正解したか聞かない。正解者を褒めない。あり得ない話だ。それなのに、教師は、正解者を褒めないことが多い。

事実、他にも、クイズで紹介した学校はあった。しかし、クイズは、出しっぱなし。誰が正解者かを聞く、拍手を贈る、褒めるなどする学校は、皆無だった。

私のクラスの発表のように、子どもたちは、教師の技術を真似る。ということは、他の学校の教師は、クイズの正解者を聞かない、拍手を贈らない、褒めないということだ。

それに比べて、我がクラスの子どもたちは、クイズを出す度に、正解者を褒めている。これだけでも、たいしたもの。

小学生なのに、きちんと「フォロー」の技術を使いこなしている。

授業は、「フリ」「オチ」「フォロー」で、成り立っている。

「フリ」…「音読しなさい」「作文を書きなさい」など、教師の指導
「オチ」…がんばって取り組む子ども
「フォロー」…子どものがんばりに対する、教師の対応や評価

それなのに、「フォロー」しない教師が多い。子どもががんばって音読しても、褒めない。適当に音読しても、叱らない。「フリ」だけして、やらせっぱなしの教師が多いのだ。

授業だけではない。教育は、全て「フリ」「オチ」「フォロー」でできている。

たとえば、教室移動。私のクラスには、「教室移動は？」（教師）「黙って！並んで！」

（子どもたち全員が声を揃えて）という合言葉がある。これは、「フリ」。子どもたちに「教室移動は、黙って、並んでするんだよ」ということを、合言葉で伝えている。

このように「フリ」は、明確にすることが大切である。「どうすればいいのか？」をシンプルに明示するのだ。

教師は、「フリ」の技術に、目が行きがちである。優れた指示や発問が、多く研究されてきた。分かりやすい指示、考えやすい発問ができる教師は多い。

その一方で、「フォロー」は、軽視されてきた。というか、意識すらされてこなかった。

しかし、私は、断言する。

子どもたちを動かすのは、「フォロー」である。

たとえば、先に紹介した教室移動である。教室から理科室へ、移動したとしよう。私は、「全員、起立！教室移動は？（子どもたち「黙って！並んで！」）では、黙って、並んで、教室移動ができた人は、座る」

と、必ず言う。そして、座れれば、褒める。クラス全員が座れれば、拍手もする。

しかし、できていない子がいれば、当然、叱って、やり直しである。

「黙って！」「並んで！」と、「フリ」をしているのだ。「黙って！」「並んで！」した子を褒めないなんて、あり得ない。「黙らなかった」「並ばなかった」子を叱らないなんて、あり得ない。

子どもたちのがんばりは、きちんと評価しないといけない。これが「フォロー」だ。

私は、この「フォロー」の大切さを、ずっと言い続けてきた。

教師が「フリ」をした以上は、必ず、「フォロー」する。
まずは、忘れずに「フォロー」することが、一番大切な技術である。

しかも、「フォロー」は、難しいことではない。褒めるか、叱るしかないからだ。

教師の「フリ」にがんばって応えた子は、褒める。がんばらない子、サボる子は、叱る。

こう考えると、「フォロー」なんて、とっても簡単なこと。それなのに「フォロー」しない教師が多い。忘れてしまう教師が多い。「フォロー」を忘れると、どうなるか？

「がんばったのに、褒めてもくれない。がんばっても、無駄だ」

「がんばらなくても、叱られない。がんばらなくても、大丈夫」

と、子どもたちは思う。つまり、教師が「フォロー」を忘れるということは、

子どもたちに、がんばらなくていいと、教えているのと一緒

なのだ。「フォロー」を忘れることは、非常に、罪深いことである。危険なことである。知らず知らずのうちに、「がんばらなくていい」ということを教えてしまう。「フォロー」忘れは、恐ろしいヒドゥン・カリキュラム（隠れたカリキュラム）になっている。

特に、叱った後の「やり直し」が大切だ。私は、

「やり直し」をさせないから、若手の教室は荒れる

と、思っているほどだ。教師が「フリ」をした以上は、忘れずに「フォロー」しよう。

「フォロー」は、小学生でさえ真似できる超・基本技術である。

誰に対してか分からぬ「フォロー」に意味はナシ

ある若手教師の授業を見た。私の本を、たくさん読んでくれている若手である。もちろん、『ブラック』のファンでもある。

授業中、子どもを褒める言葉が、ものすごく多かった。「フォロー」を意識してくれているのだろう。

いや、『策略―ブラック学級づくり』の私の名言、

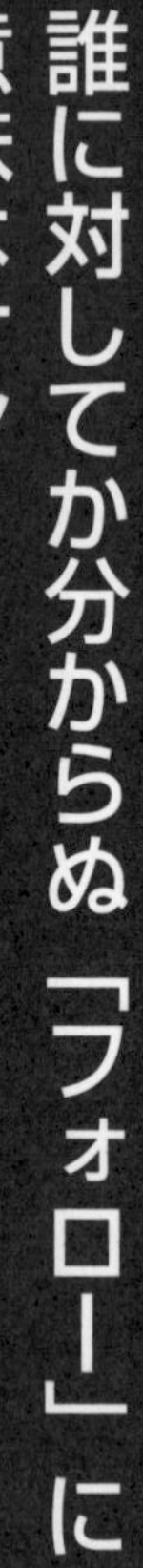

リスク0、しかも、コストも0の「褒める」という武器はどんどん使うに限る。使わないのは、もったいない。

が勉強になったと言っていたな。「フォロー」までは、意識していないか。

まあ、いい。いずれにせよ、授業で褒め言葉が多いのは、いいことだ。

若手教師の授業を見て、「褒め言葉が少ないな」と、感じることが多い。褒め言葉が0（ゼロ）なんて授業も、珍しくない。

それに比べれば、この若手教師の授業は、格段に褒め言葉が多かった。どうせ、言葉は、タダ。褒めないよりは、褒めた方がいいに決まっている。

授業の後、感想を求められた。そこで、私は、次のように言った。

「若手の授業で、これだけたくさんの褒め言葉を、聞いたことがない。子どもたちをたくさん褒めているのが、いいよね」

若手教師は、とっても嬉しそうだった。しかし、一言だけ、アドバイスをした。

「ただね、惜しい。褒め言葉が、雑なんだよね。誰が褒められているのか、よく分からない。一番いいのは、『〇〇くん、すごい！』と、名前を呼んで褒めること。まあ、名前は呼べなくても、せめて誰が褒められているのか、分かるようにしないとね」

ここまで読んで、読者は分かっただろうか？小学生が真似している私の技術が。正解は、

正解は、①です。①の人は、手を挙げてください。正解した人に、拍手をしましょう。

の部分。えっ!?「さっきと一緒じゃないか?」って。じゃあ、もう少し絞ろう。本当にすごいのは、

①の人は、手を挙げてください。

の部分。手を挙げさせることで、誰が正解者なのかが、ハッキリする。誰に対して拍手を贈っているのかも、ハッキリする。

若手教師に言ったように、

名前を呼んで、褒める。

これが、最善の方法だ。たとえば、「○○くん、姿勢がいい!」と、褒める。しかし、

クイズの正解者は、多い。一人一人の名前を呼んで、褒めるわけにはいかない。

そんなことをしてしまうと、時間が膨大にかかってしまう。テンポも、悪くなる。

そこで、子どもたちは、正解者に手を挙げさせた。手を挙げさせて、誰が褒められているのかを、ハッキリさせているのだ。

これって、すごいこと！今回、子どもたちが使った中で、私が一番驚いた技術である。

この部分に気づいた読者は、いるだろうか？いれば、たいしたもの。きちんと「フォロー」を意識し、実践している人に違いない。「フォロー」の達人だな。

たとえば、私も授業中、

「今の問題に正解した人、立ちなさい。よく分かったねえ。すっごく難しい問題なのに。立っているすごい人たちに、拍手をしましょう」

などと、「フォロー」する。

誰が褒められているのかをハッキリさせて、「フォロー」する。

ちょっと高度な技術である。しかし、小学生でも、真似している。

小学生にできるのだから、これも、若手が真似すべき、教師の超・基本技術だ。

「全体像」から説明すれば、子どもの頭にだって「絵」を描ける

私の一番のこだわりは、「フォロー」の技術である。そして、私が若手教師に一番伝えたいのが、「フォロー」の技術だ。遺したいのが、「フォロー」の技術だ。

読者のみなさん、お疲れ様。ここまで読んでくれただけで、もう十分。十分学びがあったことだろう。いや、十分ではないな。

自分の教室で使ってこそ、技術を学んだと言える。

技術は、使ってナンボである。頭の中で理解しただけでは、技術を学んだとは言えない。

技術は、使うためにある。ぜひ、あなたの教室で「フォロー」の技術を使ってほしい。

「フォロー」の技術を使えば、あなたの指導は、ガラッと変わる。子どもたちも、ガラッと変わる。それを実感してくれれば、十分だ。

はい、OK。読むのやめていいよ。えっ!?まだ、がんばる?そんな読者に、次は、どの技術を紹介しよう。迷うところではあるが、これにする。

今から〇〇小のクイズを3問出します。

の部分。子どもたちが、「お願いします」の後に、言った言葉である。この言葉に、一体どんな技術が使われているか?実は、この言葉、今から何をするか?の大まかな説明になっている。今から行われることの全体像を、示していると言ってもいい。

授業の最初に、どんなことをするのかを説明しておく。

これも、大切な技術である。特に、最近は、発達障害をもつ子も多い。大きな不安を抱えている子も多い。そんな子どもたちに「今から何をするのか?」大まかな説明をしておくことは、「安心」を与える大切な技術である。

たとえば、信号待ちである。待ち時間が明示してあると、イライラせずに済む。先が見通せると、人間は安心する。授業も、同じ。先が見えると、安心できるのだ。

また、プレゼンテーションの基本中の基本に、

全体像↓細部

という大原則がある。

たとえば、次の説明である。読者は、今から説明する形をノートに描いてみてほしい。

「最初に、△を描きます。その△の下にくっつけて□を描きます。その□の中に小さな□を描いてください。その小さな□を漢字の十で4つに分けてください」

どうだろう? 上手く伝わっただろうか? まあ、そんなに難しい図ではない。この説明で描けてしまった読者も多いだろう。

しかし、この説明。劇的に、分かりやすく、伝わりやすくする方法がある。

説明の最初に「家のような形です」と言うのだ。

「今から説明する形は、家のような形です。最初に△を描いてください。〜〜」

こうすれば、聞き手に、「家のような形」だなという「全体像」が伝わる。

「全体像」が見えていれば、後の説明も理解しやすい。「全体像」を最初に説明しておくことは、プレゼンテーションの基本だと、分かっていただけただろうか。

ちなみに、子どもたちの作文が分かりにくいのは、細部ばかり説明するからである。子どもの作文指導でも、先に「全体像」を大まかに示すことを教えるといい。

ということで、子どもたちの発表冒頭の「今から○○小のクイズを3問出します」は、短いが、非常に重要な意味をもつ。いや、

「全体像」は、「大まかに」が大原則である。

短くサラッと言っているからこそ、子どもたちは技術を上手く使いこなしていると言える。本当に、すごい子どもたちだ。

でも、まあ、優秀でも、子ども。子どもが使える技術が、教師に使えないわけないわな。

って、今回は、挑発が多いな。また、レビューに「鼻につく」って書かれそう。

「どうなったら勝ちか?」を示して闘志を引き出せ

発表冒頭の「今から○○小のクイズを3問出します」。この部分で、子どもたちが使った技術がご理解いただけただろうか。さらに、紹介するのは、この言葉に続く、

> 全問正解できるように、がんばってください。

の部分である。この言葉が優れているのは、

どうなればいいかが、明示されている

からである。

この説明を聞いて、クイズに参加する子どもたちは「全問正解すればいいんだな」と、分かる。

若手教師たちと、多くの本を作ってきた。一体、何冊作ったか、分からないほどだ。作った本の多くは、ネタ本。本を作る中で、私は、若手たちから、多くのネタをもらった。若手たちは、私から、本を書く機会をもらった。書く力をつけた。

若手教師と本を作ることは、まさに「ウィンウィンの関係」である。コロナも終わってきたし、ぼちぼち新作も作ってみたい。

私が得意とするゲームも、若手教師から、たくさん教えてもらった。中には、私が知らないゲームも、たくさんあった。想像もしないような面白いゲームも、たくさんあった。

しかし、若手のゲームの原稿を読んでいて、「?（ハテナ）」になることが少なくない。どんなゲームなのか?ルールが分からないことが、多いのだ。

確かに、ゲームのルールを伝えるのは難しい。逆に言えば、ゲームのルールを上手に伝えることができるようになれば、他の説明も上手になる。

ゲームのルール説明の、最大のコツは、

どうなったら勝ちかを、明示すること

「どうなったら勝ちか」を明示することで、説明はグッと分かりやすくなる。

これ、ゲームの話だけではない。授業や他の場面で出す指示も、同じである。「どうなったらいいのか」を明示するといい。

「絵を見て気づいたことを箇条書きします。たくさん書けた人が、エライ！」

「黒板を写し終わったら、鉛筆を置きなさい。速く鉛筆を置けた人が、エライ！」

「教室のごみを拾います。たくさんごみを拾った人が、エライ！」

どうなったらいいのかを明示すれば、子どもたちもやる気になる。「たくさん」「速く」を目指してがんばるのだ。

また、ゲームにできるのも、いい点だ。たとえば、

「黒板を写し終わったら、鉛筆を置きなさい。速く鉛筆を置けた人が、エライ！」

という指示である。

指示した後、教師は子どもたちの様子を見る。そして、最初に鉛筆を置いた子が出れば、
「○○くんが、もう鉛筆を置いた。速い。一番！」
と褒める。「一番」と言われた子は、得意顔になる。
「○○ちゃんが、鉛筆を置いた。速い。二番！」
「ここまでが、ベスト9！とっても仕事が速い人たちだ！」
と、どんどん褒めていく。

こんな言葉かけを続ければ、指示がちょっとしたゲームになる。

ちなみに、かっこいい鉛筆の置き方も練習しておくといい。書き終わったら、鉛筆を優しく机の上に転がす。紳士的にだ。私のクラスでは「ジェントルマン置き」と呼んでいる。

書き終わった子どもたちは、スマートに鉛筆を置く。もちろん、笑顔で。

「どうなったらいいのかを明示する」という技術を使って、授業をゲーム化していこう。

子どもたちが授業に乗ってくるのが、実感できるはずである。

ちなみに、私は、授業は全てゲームにできるのではないかと、考えている。いや、授業を全てゲームにしたいと、目論んでいる。

読者も、技術を使って、指示をゲーム化し、楽しい授業をしてほしい。

子どもがサボれぬ授業技術を使うのだ

次に紹介するのは、この部分。たぶん、多くの読者が気づいているのではないだろうか。

> 全員、立ってください。0問正解の人は、座ってください。1問正解の人は、座ってください。2問正解の人は、座ってください。
> 立っている3問全問正解の人に、大きな拍手を贈ってあげましょう。

いかにも、私が言いそうな指示である。私の授業を見たり、講座を受けたりしたことのある方なら、絶対に気づく点だ。

確かに、この部分は、非常に重要だ。

「全問正解できるように、がんばってください」と「フリ」をしているのだ。それなのに、正解数を聞かない。全問正解した人を褒めない。これで、子どもがやる気になるわけがない。

このセリフも、講座でよく言っている。聞き覚えのある方も、多いだろう。

「フリ」をした以上は、必ず褒めるという「フォロー」をしなければならない。「フォロー」を忘れては、絶対にダメなのだ。

「フォロー」を忘れないこの子たちは、たいしたものだと思う。きちんと「フォロー」の技術を使いこなしている。しかし、それ以上に重要なのが、

> 全員、立ってください。

の一言だ。これは、すごい。この一言で、確実に、会場にいる全員を参加させている。

たとえば、手を挙げさせる方法がある。

「全問正解の人は、手を挙げてください。手を挙げている人に、拍手をしましょう」

確かに、この方法でも「フォロー」はできる。「フォロー」を忘れるよりはマシである。しかし、全問正解しても、手を挙げない子がいるだろう。また、全問正解者に手を挙げさせるだけでは、他の子も参加しているとは言いがたい。

そこで、全員起立である。全員起立させてから、正解数を聞いていく。そうすれば、全問正解した人が、確実に分かる。また、誰が全問不正解で、誰が1問正解か、2問正解かも分かる。

全員起立から始まるチェックは、全員を確実に参加させるための技術なのだ。

だから、確実にチェックしたい時は、全員起立させる。

たとえば、名札のチェックである。全員がきちんと名札をつけているかどうかチェックしたければ、次のように言う。

「全員、起立！隣の人に名札をつけているのを確認してもらったら、座りなさい」

困難校では、授業が始まっても、教科書すら開かない子がいる。そんな時、全員に教科書を開かせたければ、次のように言う。

「全員、起立！教科書○ページを開きます。開けたのを隣の人に見せたら、座りなさい」

こうすれば、どの子も、教科書を開くしかなくなる。

授業では、こうやって、クラス全員を確実に参加させることが必要だ。授業に参加しない傍観者をつくっては、絶対にダメ。

言うまでもなく、授業は、クラスの子どもたち全員に力をつけるためにある。公教育である以上、当然のことである。

まずは、教師が、全員参加を保障する、という強い意識をもつことが必要だ。

そして、全員参加を保障するためには、意識だけでは不十分。当然、全員参加を保障するための技術が必要になる。

サボる子を出さないためには、「全員、起立！」から追い込む技術が、有効に働く。

読者にも身につけてほしい技術である。

ただし、気をつけないといけないことがある。逆に、確実なチェックをしない方がいい時もあるのだ。

たとえば、特別な支援が必要な子や発達障害の子がいて、その子ができていない状態を誤魔化したい時だ。そんな時は、指示も逆になる。

「名札をつけていない子は、立ちなさい」

「教科書〇ページを開いていない子は、立ちなさい」

こうすれば、できていないのに座っている子が目立たない。

特別な支援が必要な子や発達障害の子ができていない印象を、クラスに広めるわけにはいかない。できないことは、誤魔化してあげる。そして、なんとなくできているように見せる。

さらに、良い点だけに着目し、みんなの前で褒める。「こんな素晴らしい子なんですよ」と、クラスみんなに宣伝するのだ。

そうすれば、特別な支援が必要な子や発達障害の子も、クラスに居場所ができる。そして、落ち着く。

いずれにせよ、

目的に応じて、技術を使い分けることが大切

なのである。

技術は、目的を達成するための手段にすぎない。

褒めるチャンスを増やすのに、子どもを細かく動かせ

「立っている3問全問正解の人に、大きな拍手を贈ってあげましょう」

と、最後に「フォロー」する部分を取り上げた。

そこで、次のように考える読者もいるかも知れない。

「最後に褒める『フォロー』をするなら、1問目、2問目、3問目の後、正解者に拍手を贈る必要はないんじゃない？」

と。これ、もちろん、アリの考え方だ。少々、しつこい、くどいと感じた方も、いらっしゃるだろう。確かに、省略した方が、時間短縮になる。テンポも上がる。

しかし、私は、子どもたちの取った方法がいいと思う。1問ずつ正解者に拍手を贈って、良かったと思う。それは、

細かく動かして、細かく褒める

という技術が大切だからだ。

たとえば、かけ算の筆算である。「13×26」の筆算をするとしよう。

若手教師は、子どもたちが筆算をし終わってから、「338」と正解の子を褒める。これでは、1回しか褒めるチャンスがない。

しかし、我々ベテランは、違う。

まず、「『13×26』の筆算を書きなさい」と指示する。そして、子どもが書ければ、「筆算の書き方が分かっていて、すごい！」と褒める。

さらに、「次は、何をしますか」と聞く。そして、子どもが「6×3」と答えれば、「筆算の順番が分かっていて、すごい！」と褒める。

次に、「6×3は?」と聞く。子どもが「18」と答えれば、「6の段を覚えていて、すごい！」と褒める。

そして、「18はどこに書く?」と聞く。子どもが正しく書ければ「きちんと位を揃えて

書けて、すごい！」「くり上がりが小さく書けていて、すごい！」と褒める。このように、

細かく動かせば、褒めるチャンスが、たくさん生まれる。

もちろん、筆算は、例である。他の場面でも、若手は、筆算が全部終わってから褒めるようなことをする。

我々ベテランは、細かく動かして、細かく褒める。

私は大昔、法則化から、多くのことを学んだ。向山洋一氏（法則化運動を主宰）の本も、何十冊と読んだ。

今でも、若手に1冊プレゼントするなら、向山氏の本に決まっている。『新版　授業の腕を上げる法則（学芸みらい教育新書　1）』（学芸みらい社）だ。

この本には、私が若手に伝えたいと考えている技術が、たくさん詰まっている。

その「第二条」が「一時一事の原則」だ。たとえば、次のような指示をする教師がいる。

「教科書〇ページを開いてね。開いたら、②の計算問題をして。終わったら、先生のところに持ってきてね。全問正解したら、読書して待っておいてね」

一度にたくさんの指示を連続して出している。これは、子どもたちには、分かりにくい。

そこで、一度に出す指示は、1つにする。

「教科書○ページを開きなさい」と、1つのことだけを指示すれば、分かりやすくなる。

子どもたちが、全員教科書を開いたのを確認して、「②の計算問題をしなさい」と、次の指示である。

ちなみに、どうしても複数の指示を出したい場合もある。そんな時は、

黒板に、指示を箇条書きする

という技術を使うといい。先の指示の例だったら、

①　教科書○ページを開く。
②　②の計算問題をする。
③　先生のところに持っていく。
④　全問正解したら、読書。

こうすれば、子どもたちは、黒板を見ながら動ける。

向山氏は、子どもに伝わりやすくするために「一時に一事を指示せよ」と言っている。

しかし、「一時に一事」にするのは、伝わりやすくするためだけではない。

「一時に一事」にすれば、褒めるチャンスが増えるのだ。

先の例で言えば、「教科書○ページを開きなさい」と指示する。そして、一番速く開けた子を、「○○くん、速い！」と、褒める。「②の計算問題をしなさい」と指示する。そして、全問正解した子を「○○さんが一発で全問正解。すごっ！天才！」と、褒める。「細かく動かして、細かく褒める」ために、「一時に一事」は、重要な技術なのだ。

ということで、我がクラスの子どもたちが、1問ずつ正解者を褒めたのは間違いではないと考える。

まあ、教育に正解はない。教師が瞬時に判断し、技術を選んでいくしかない。

拍手みたいなショボい賞品でも、子どもは喜ぶ

発表の中で、何度も「拍手」が出てくる。次のような言葉だ。

> 正解した人に、拍手をしましょう。
> 立っている3問全問正解の人に、大きな拍手を贈ってあげましょう。

拍手をさせることで、会場が温まる。クイズが盛り上がった感じになる。
とにかく「拍手」させることは、大切な技術だろう。
私のクラスでは、よく拍手が起きる。自然に拍手の起きるクラスは、雰囲気がいい。
私は、学級づくりの武器として、技術として、拍手を使っている。それを私のクラスの

子どもたちも、真似していたのだ。

同じように、クイズで紹介をした学校もあった。それでも、正解者に拍手を贈る学校はなかった。拍手が起きるのは、発表の最初と最後の「礼」の時だけ。正直、もったいない話だ。もっと拍手をさせたらいいのになと思う。そうすれば、もっと雰囲気が良くなるのに、と。

しかし、ここでの拍手は、それ以上の意味をもつ。

クイズは、賞品があると、盛り上がる

からだ。クイズは、賞品があるのとないのでは、盛り上がり方が違う。

一番盛り上がるのは、豪華賞品がもらえること。しかし、修学旅行のクイズの賞品に「1000万円」とか「ハワイ旅行」とかは、あり得ない。

豪華でなくても、賞品はないな。自分の学校だけ賞品を用意するのは、他校に申し訳ない気がするからだ。鉛筆1本、消しゴム1個でも、賞品を用意するのは、気が引ける。

そこで、拍手である。

拍手をクイズの賞品として利用する。

これ、立派な技術である。賞品を用意するのは、気が引ける。しかし、拍手なら、大丈夫。さすがに拍手を贈ることに、他校が、腹を立てることもない。

これ、クイズだけに限らない。たとえば、クラスでちょっとしたゲームをしたとしよう。そんな時も、優勝者に賞品があると、盛り上がる。優勝チームに賞品があると、盛り上がる。

ちなみに、私のクラスには、「宿題なし券」という豪華賞品がある。ただし、使えるのは、漢字1日分か自主勉強1日分だけ。やってもらわないと困る計算ドリルやプリントには使えない。

とはいえ、「宿題なし券」も、多発する賞品ではない。「宿題なし券」を配りすぎると、保護者の担任不信につながりかねない。

そこで、拍手である。拍手は、ためらいなく使える手軽な賞品だ。

拍手を賞品として使う技術は、いろいろな場面で使える。たとえば、授業中、すごい意見を言った子に、拍手する。音読の上手な子に、拍手する。この技術は、多発できる。

選択肢の魔術——選ぶだけなら、誰でもできる

子どもたちが出したクイズにも、技術が隠されている。お分かりだろうか。

第1問、○○小学校の全校児童は、何人でしょう？
①136人　②124人　③151人

選択肢を設ける

ここでは、次の重要な技術が使われている。

という技術だ。えっ!?そんなことが技術?なんて、侮るなかれ。たとえば、授業名人・野口芳宏氏の有名な発問・指示である。

> 今の読み方、申し分ないと思う人は○、おかしいと思う人は×をつけなさい。
> (佐内信之氏「全員参加を促す工夫―野口芳宏氏の『うとてとこ』の授業記録―」『授業づくりネットワーク』2006年2月号(学事出版))

野口氏は、子どもたちに、まずは「○か×か」で答えさせている。つまり、2つの選択肢を与えているということだ。ちなみに、これは、大人向けの模擬授業の記録。しかし、野口氏は、現役時代に教室でも、「~~だと思う人は○、~~だと思う人は×と書きなさい」という発問・指示を、多発されていた。

子どもたちが考えやすくするために、選択肢を与える。

これは、立派な教育技術である。

選択肢を与える技術の一番の利点は、全員参加を保障できることだ。

自由に答える問題では、どうしても書けない子がいる。しかし、○か×なら、書ける。なんとなくでも、適当でも、デタラメでも、書ける。

たとえば、先ほどの模擬授業。野口氏は、「今の読み方、申し分ないと思う人は○、おかしいと思う人は×をつけなさい」と発問・指示をした後、子どもたち（実際には、模擬授業に参加した大人）に、次のような言葉かけをしている。

「まだ書いていない人、さっさと書くよ。書かなければ参加していないことになる。傍観者だ。傍観者を作ったらダメなんだ、授業は。デタラメでもいいから、デタラメでも合っているかもしれないという期待が生まれる、それが参加なんだ」（前掲の佐内氏の記録より）

選択肢があるからこそ、「デタラメでも」参加するように言うことができるのだ。

また、私のクラスの子どもたちの次の指示も、全員参加を促すものになっている。

> 指で番号を出してください。

「①だと思う人は、手を挙げてください。②だと思う人は、手を挙げてください。③だと思う人は、手を挙げてください」

と、順番に聞く方法もある。この方法の利点は、誰がどの答えに手を挙げたか？分かりやすいところ。また、どの答えが多いのか？少ないのか？を知ることもできる。

しかし、この時、子どもたちは、この方法を取らなかった。「指で番号を出してください」を選択したのは、全員に参加してほしいと思ったからだろう。

事実、番号を出していない子を発見した時には、「全員、どれか番号を挙げて、参加してください」と、言っていた。この注意、いかにも私が言いそうなセリフだな。

教師は、参加していない子、つまりサボっている子を、絶対に見逃してはいけない。許してはいけない。私の口癖は、「サボるな！サボると、絶対に賢くなれない！」である。

たとえば、一斉音読。サボっている子がいれば、

「サボっている人間がいる！サボるな！サボると、音読は、絶対上手にならない！」

と言う。サボっている子は、絶対に見逃さない。そして、厳しく注意する。子どもたちに、常に先生に見られている、サボることは許されない、と思わせるのだ。

授業は、全員参加の保障が、命。教師の技術を駆使して、なんとしてでも、クラス全員を授業に参加させなければならない。

問題の順番だけで面白さが変わると心得よ

さらに、問題の順番に気づいた読者はいるだろうか？

第1問、○○小学校の全校児童は、何人でしょう？
①136人　②124人　③151人
第2問、○○地区にある公園の数は、何個でしょう？
①1個　②3個　③5個
第3問、○○小学校の校舎は、上から見たら、何の漢字でしょう？
①人　②命　③友

この順番、実に、よく考えられていると思う。

まずは、「全校児童」の人数である。正解の人数「136人」は、多くの読者は「普通だ」と考えるだろう。「普通すぎる」と思うかも知れない。

しかし、この時、一緒に修学旅行に行った学校は、小規模校ばかり。他のもう1校は、100人超えだ。しかし、あと2校は、30人程度。1校は、わずか10人程度である。そんな小規模校の子どもたちにとって、全校児童「136人」は、驚くべき数字。ツカミはOKと言えるだろう。

そして、2問目は、「公園の数」という、どうでもいいもの。もっとも、子どもたちは、公園の多さを自慢したかったようだが。

3問目が、メインの問題。自分たちの小学校で、一番特徴的なことである。だって、「人」の字の形をした校舎なんて、見たことないはずだ。私だって、転勤して一番驚いたのは、校舎の形である。

順番は、演出である。演出は、順番である。

私は、こう考えている。そして、

順番を意識して決めることは、技術である

と考える。たとえば、教師が子どもたちに、クイズを出す時があるだろう。そんな時は、順番を意識するべきだ。

それなのに、適当に出す教師がいる。クイズを5問出すとしたら、順番を考えずに適当に出す。私には信じられない話だ。

一番分かりやすい演出は、

易→難（簡単から難しい）

最初に簡単な問題で、正解者をたくさん出す。正解させて盛り上げておいて、徐々に問題を難しくしていくのだ。

もちろん、他のパターンもある。たとえば、最初に難しい問題をもってくる。そうすれば、子どもたちに「今日の問題は、手強いぞ」と、思わせることができる。

いずれにせよ、順番を考えずに、適当はあり得ない。

クイズの問題は同じでも、演出で盛り上がりもすれば、しらけもする

からである。

授業でも、同じだ。たとえば、発表者を指名する時。まずは、発問して、子どもたちにノートに書かせる。

教師は、その意見を見て、意図的に発言を組み立てる。いわゆる意図的指名である。

最初は、多くの子が書いている普通の意見。次に、正解ではないが、面白い発想の意見。最後に、誰もが納得するような、ものすごい意見。

もちろん、これも一例だ。しかし、こうやって意図をもって、発言を組み立てる。それが、教師の技術である。

順番は演出だ、と心得よう。小学生の子どもたちだって、こうやって順番を考え、演出を工夫しているのだ。

「クイズ」と言うだけで盛り上がるから、子どもはチョロい

5校の連合で修学旅行に行った。そのうち、4校がクイズを使って学校紹介をしていた。他の学校もしていることだ。私のクラス独自のものではない。しかし、学校紹介をクイズで行ったことも、技術と言えるだろう。

学校紹介なのだから、もちろん、一方的に紹介することもできた。実際1校は、説明だけだった。

しかし、我がクラスの子どもたちが選んだのは、クイズである。他の3校が選んだのも、クイズである。

一方的に紹介をするのは、授業で、教師が説明をするようなもの。しかし、クイズをすれば、参加者を巻き込むことができる。授業でも、クイズをすれば、子どもたちを巻き込

むことができる。

授業で、クイズをする。

これはこれで、立派な技術と言えそうだ。

若手教師の授業は、どうしても説明中心になりがちだ。いや、学習内容によっては、もちろん、説明しないといけないことも多い。ベテランでも、説明中心の授業になってしまうことはあるだろう。

そこで、クイズである。5校中4校がクイズをしたことから分かるように、

子どもたちは、クイズが大好き。だったら、クイズを利用しない手はない。

たとえば、説明中心のつまらない授業をしてしまった時。授業の最後に、

「今日の授業で学習したことから、クイズ大会をします。5問クイズを出して、全問正解した人が優勝だよ」

と言う。すると、子どもたちから「やった〜！」と、歓声が上がる。

「第1問、ごみは、どこで燃やしている？」

問題を出し、ノートに書かせる。そして、正解発表。

「第1問目の正解は、……清掃工場！」

正解した子から「やった〜！」と、歓声が上がる。

読者は、お気づきだろう。問題は、実に、真面目。クイズでなく「テスト」と言っても
いいものだ。しかし、「テスト」と言うと、盛り上がらない。それどころか、子どもたち
は、「え〜！」と、嫌がる。まさに、

「クイズ」と言うだけで、盛り上がる

のだ。「テスト」ではなく「クイズ」と言うのは、技術である。「クイズ大会」もだな。

「第5問、清掃工場を案内してくれる守田さんが着ていた服は、何色でしょう？」

最後は、このぐらい、くだらない問題がいい。技術として、クイズを利用するのだ。

最低限の礼儀「語先後礼」を身につけさせればシマる

教師の技術ではない。しかし、大事なことなので、紹介しておく。
子どもたちの発表の、最初と最後の部分である。

今から、○○小学校の発表を始めます。気をつけ、礼。「お願いします」（礼をする）
これで、○○小の紹介を終わります。気をつけ、礼。「ありがとうございました」（礼をする）

この子どもたちの動きに、注目してほしい。

まずは、「気をつけ」。美しい動きをさせるには、「気をつけ」が欠かせない。

それなのに、「気をつけ」の指導をする教師は、少ないらしい。事実、この連合の修学旅行でも「気をつけ」ができる学校がなかった。

「結団式」でも「解団式」でも、他の学校の子どもたちの姿勢は悪いまま。「式」に参加しているのにだ。いや、私の学校の子どもたちも、4月の始業式では「気をつけ」ができなかった。教えられていないのだ。美しい立ち姿にさせたい。そう考えるのは、私だけ？

「気をつけ」の指導は、そんなに難しくない。指導するのは、次の3つ。


かかとをつけて、足先を開く。手は足の横につけて、指先をしっかり伸ばす。目線を上げる。


たったこれだけのことだ。しかし、子どもたちの立ち姿は、劇的にきれいになる。

また、動きもきれいにしたい。ここでは「礼」。そして、「お願いします」「ありがとうございました」と言う。この2つの動きをしている。

きれいに動くための大原則は、

2つのことを、同時にしない

ということだ。よく礼をしながら「お願いします」などの言葉を言う子を見る。このように、2つのことを同時にするのは、ダメ。完全に、アウトである。

だから、礼をしてから、言葉を言う。言葉を言ってから、礼をする。どちらでもいい。2つの動作を分けてするだけでも、動きは、格段にきれいになる。よく言われるのが、

語先後礼（ごせんごれい）

という言葉である。文字通り、「言葉が先。礼が後」という意味だ。だから、「お願いします」と言ってから「礼」をするのが、正しい。もっと言うと、「お願いします」と言って、「気をつけ」で一拍。「礼」をして、「気をつけ」で一拍である。

ちょっと不安になって、調べてみた。ネットでも「語先後礼」は「ビジネスマナーの基本」として、取り上げられているぞ。これで、自信をもって、読者に伝えられる。良かった。

第2章

お笑い・「前説」に学ぶ教師の応用技術

小柳トムの「前説」から、貪欲に学べ

私は、「お笑い教師同盟」に所属している。いや、所属していた？「お笑い教師同盟」は、まだあるのかな？いずれにせよ、私は「お笑い」から、多くのことを学んできた。

第1章で紹介した「フリ」「オチ」「フォロー」。これも、実は、お笑い用語である。

第2章では、お笑いの「前説」から学べる教師の技術を紹介していく。

「前説」は、テレビの公開番組などの本番前に行われる。全体の構成や進行、注意などを説明するのが目的である。しかし、バラエティ番組では、それ以上に、会場の空気を温めることが求められる。そこで、若手のお笑い芸人が「前説」をすることが多い。

私は、講座で「前説」の技術を取り入れたツカミをしている。

これ、最初は、ブラザー・トム（大ヒット曲「WON'T BE LONG」（作詞・作曲：Bro.

KORN）で有名なバブルガム・ブラザーズのメンバー）のライブで知ったツカミである。

ブラザー・トムは、もともとは「小柳トム」。お笑い芸人だ。私は、小柳トム演じる警察官のコントが大好きだった。だから、トムのライブに行った。正直、曲は、大ヒットした「WON'T BE LONG」しか知らない。

ライブの最初の曲は、まさかの「WON'T BE LONG」。しかし、曲の途中で、トムは歌うのをやめてしまう。しかも、不機嫌な様子で。そして、次のように言った。

「みなさん、この曲、知っていますよね。私の唯一のヒット曲。ここで盛り上がらないと、後はずっと盛り上がらないままですよ」

そして、ライブを最初からやり直すことになった。

トムは、「かっこいい！」と叫ぶ人を決めたり、大きな拍手をするタイミングを決めたり。「WON'T BE LONG」の前奏が流れたら、「おお！」と、どよめく約束をしたり。お客といろいろな段取りを約束した。そして、トムたちは、舞台袖に引っ込んでしまう。

その後、ライブが再スタートされた。約束した段取り通りに、声がかかる。拍手が起きる。どよめきが起きる。笑いが起きる。

この時、トムが行ったのは、超定番の「前説」である。もっとも、私がそのことを知ったのは、だいぶん後のことだった。

では、ある講座での、私のツカミを紹介する。先に紹介したトムのツカミ、そして、若手お笑い芸人がする超定番の「前説」がベースになっている。

このツカミには、空気を温めるための技術が、たくさん入っている。どんな技術が隠されているのか？ いくつ気づけるだろうか。読者は、メモを取りながら読んでほしい。

❖　❖　❖　❖　❖

「次は、中村健一先生の講座です。中村先生、よろしくお願いします」

司会の言葉に、私は、お客さんの前に出た。しかし、不機嫌を装う。そして、「みなさん、こんにちは」と、ボソッと言った。

私の覇気のなさに、会場からも「こんにちは」と、元気のない声が返ってくる。

しばらく間を置いて、私は叫んだ。

「大ネタ！ 小ネタ！」

そして、拳を突き上げてみる。しかし、もちろん、誰からも、声は出ない。誰も、拳を突き上げない。会場は、無反応である。そこで、次のように説明した。

「も～、全然、ダメ。僕ね、昨日呑みすぎて、なんかテンション、低いんですよ。テンション低いままの俺から学ぶことなんて、何もないでしょ。なんとか、みなさんの力で、僕のテンションを上げてください。その方がみなさんも、多く学べて、得でしょ。お互い、ウィンウィンの関係になりましょう」

思いっきり身勝手な説明である。それでも有り難いことに、参加者はうなずいてくださっている。そこで、次のようにお願いした。

「まずね。俺が登場したら、『待ってました！』みたいな、強い言葉がほしいのよ。じゃあ、お父さん。最初に、『待ってました！』って言ってくれる？」

「待ってました！」

お父さんの言葉に、笑いが起きる。

「ありがとうございます。では、よろしくお願いしますね。第一声の大役を引き受けてくれた、お父さんに、拍手〜！」

私の拍手をするポーズに促されて、会場に拍手が起きる。

「次に、そこのお兄さん。さっき『ブラックの大ファンです！』って、声かけてくれたよね。俺、おとついが誕生日で、53歳になりました。コアなファンが誕生日も知っている感じで、『誕生日、おめでとう！』って叫んでくれる？やってみようか？」

「誕生日、おめでとう！」

お兄さんの声に、笑いが大きくなる。そして、自然と拍手が起きる。

「じゃあ、最後に、そこの女子たち。声を揃えて『健ちゃん、かっこいい！』って言ってくれる？これで、俺のテンション、マックスになるから」

「健ちゃん、かっこいい！」

声を揃えて言う女性たちに、拍手が起きる。

「仕上げに、俺が『大ネタ！小ネタ！』って叫ぶから、みんなで『夏の！』と言って、拳を突き上げながら『ネタ祭り！』と叫んでね。練習してみようか。大ネタ！小ネタ！」

こう言うと、会場みんなで声を揃えて「夏の！」と言い、拳を突き上げながら「ネタ祭り！」と叫んでくださった。

「おお！ありがとうございます。声が揃って、一体感がありますね。今日の参加者は、素晴らしい！素晴らしいみなさんに、拍手〜！」

私が、参加者に、拍手を贈る。参加者も、拍手をする。これで段取りは、ばっちりだ。

「では、やり直します。司会、よろしく！みんなは、段取り通りに迎えてね」

こう言って、私は、舞台袖に引き上げる。

「次は、中村健一先生の講座です。中村先生、よろしくお願いします」

司会の言葉に登場する私。

「待ってました！」「誕生日、おめでとう！」「健ちゃん、かっこいい！」

約束通りの言葉に、参加者のみなさんが笑顔になる。笑いも起きる。そして、私が、

「大ネタ！小ネタ！」

と叫ぶ。すると、参加者のみなさんが、

「夏の！」「ネタ祭り！」

と、拳を突き上げながら、叫んでくださった。事前の段取り通り。見事に、大成功である。

「ありがとう！お見事！やりました！まさに段取り通り！みなさんのお陰で、素晴らしいスタートになりました。素晴らしいみなさんに、拍手〜！」

会場に大きな大きな拍手が起きる。そして、笑顔。これでツカミは、ＯＫだ。

❖　❖　❖　❖　❖

ふざけてやっているように見えるだろう。しかし、私は、大真面目。しかも、計算ずく。

いくつもの技術を使って、会場を温めている。読者は、いくつ気づいただろうか？

次のページから、「前説」から学んだ技術を、明らかにしていこう。

手順を誤らねば、空気は温まる

「前説」の役割の1つは、会場の空気を温めることだ。だから、若手お笑い芸人が「前説」を担当することが多い。「前説」は、若手お笑い芸人にとっても、良い修行になる。漫才やコントも、最初の段階で、会場を温めることが必要だからだ。

人は、空気、雰囲気に左右される。同じネタでも、空気が温まっていれば、笑える。逆に、重たい空気の中では、笑えない。

教室でも、同じである。重たい空気の中では、子どもたちは、授業に乗ってこない。

私のクラスは、どんよりと重たい空気が漂っているな。そう感じている読者は、いないだろうか？私のクラスは、元気がいいな。でも、月曜日の朝の空気が重たいな。午後の空気が重たいな。そう感じている読者は、いないだろうか？

いずれにせよ、どんより重たい空気を放っておいては、ダメ。重たい空気のままでは、楽しい授業はできない。いや、楽しい授業どころではない。

どんよりと重たい空気は、荒れにつながる

のだ。だから、

授業を成り立たせるために、学級崩壊を予防するために、教師は、どんより重たい空気を払拭しなければならない。

そのためには、「前説」の技術が使える。まずは、手順。
若手芸人たちは、次の手順で、会場の空気を温めている。

拍手　↓　声出し　↓　笑い

この手順は、非常に重要だ。

実は、これ、ハードルの低い順に、並んでいる。

いきなり一番ハードルの高い「笑い」をもってくると、どうだろう？　どんよりと重たい空気の中、「笑い」を起こすのは、非常に困難な技である。

そうでなくとも、真面目な我々教師である。どんより重たい空気を一発で変えてしまうギャグなど、持ち合わせていない。

教師のギャグに、子どもたちが戸惑う。すべった「笑い」は、教室をさらに寒く凍らせてしまうだけである。はい、アウト！

どんより重たい空気の中での「声出し」も、かなりリスキーだ。

「声出し」を求めたところで、小さな声しか返ってこないに決まっている。小さな声では、どんより重たい空気は変わらない。

小さい声が出るなら、まだいい。「声出し」を拒絶されてしまったら、おしまいだ。

子どもたちが声を出さずに、固まる。そして、どんより重たい空気は、さらに重たくなってしまう。はい、これも、アウト！

そこで、

まずは、「拍手」である。どんより重たい空気の中でも、子どもたちの手は動く

からだ。月曜朝の、午後の、お疲れモードの子どもたちも「拍手」はできる。

どんより重たい空気は、「音」のない世界である。「拍手」をすれば、「音」が出る。


「音」は、教室の空気を温めてくれる。

「拍手」も「声出し」も「笑い」も、「音」を出させるためのアイテムだ。


まずは、「拍手」の「音」で、教室の空気を少し温めよう。そして、どんより空気が少し払拭されれば、次に「声出し」をさせてみよう。

子どもたちが「声出し」で元気になったら、「笑い」までたどり着けるとベストである。

まあ、真面目な我々教師は、「笑い」までもっていかなくてもよい。どんより空気が少し軽くなれば良し、とするのがいいだろう。無理すると、かえって逆効果になりかねない。

嫌々でも、「拍手」を強要せよ

拍手の「音」は、教室の空気を温めてくれる。まずは、とにかく拍手させてみるのがオススメだ。

たとえば、次のようにである。教師は、真面目な顔をして、

「先生は、拍手を贈ることが、人として生きる上で、一番目に大切だと思っています」

と、大げさに話をフる。ちなみに、一番大切なのは、牛乳を噛んで飲むこと。だって、お腹壊すでしょ。だから、これだけは、絶対に譲れない。

さらに、次のように言う。明るいトーンで言うといい。

「さっそく拍手の練習をします。拍手のポイントは、強く！細かく！元気よく！では、いってみましょう。拍手〜！」

私の拍手をする姿に促されて、子どもたちも拍手をする。

拍手のポイントは、強く！細かく！元気よく！

「前説」で、若手芸人がよく使う、鉄板フレーズである。リズムの良さがポイントだ。このフレーズだけでも覚えて、どんどん拍手させるといい。

さらに、次のように言うのも、オススメだ。

「○○くん、立ってみて。今朝、○○くんが遠くから先生に向かって、『おはようございます！』って、大きな声で挨拶してくれたんだ。お陰で、先生、朝からとっても良い気分になった。素敵な挨拶ができる○○くんに、拍手〜！」

教師が、子どもの良いところを見つける。それをクラスで紹介して、みんなで拍手を贈る。本当にたわいもない、簡単なことである。しかし、

拍手の「音」が、確実に教室の空気を温めてくれる。荒れにつながる、どんより重たい空気を払拭できるのだ。

また、拍手は、「音」を生むだけではない。拍手は、称賛の意味をもつ。褒められた○○くんは、笑顔になる。友達が褒められて、他の子も、笑顔になる。

拍手は、子どもたちの心も、温めてくれるのだ。

教師が意図的に、どんどん拍手をさせよう。自然に拍手が起きるようになれば、こっちのもの。温かいクラスができあがっていること、間違いなしである。

拍手を使う、次のようなゲームもオススメだ。

① クジで代表の子を1人選ぶ。代表の子は、教室の外に出る。
② 教師は、教室の中にあるものを1つ選んで、みんなに見せる。それが、答え。代表の子には、見えないようにする。
③ 代表の子が教室に入る。他の子は、拍手で代表の子を答えに誘導する。答えに近づけば、大きな拍手をする。答えから離れれば、小さな拍手をしたり、拍手をやめたりする。

④　代表の子が答えを手にしたら、他の子は、スタンディングオベーションを贈る。
⑤　2分以内に答えを当てたら、見事に成功。

このゲームは、土作彰著『ミニネタ&ワークショップで楽しい道徳の授業を創ろうよ』（学陽書房）で紹介されているものを参考にした。かなり昔の本だが、良いゲームは、力をもっている。私は、今のクラスでも、よくやる。子どもたちにも、大人気である。

ちなみに、私の代表作の増補版『子どもも先生も思いっきり笑える73のネタ+おまけの小ネタ7大放出！』（黎明書房）では、まるまる1章を使って、「拍手ネタ」を紹介している。9ネタ、ドドンとである。ぜひ読んで、参考にしてほしい。

拍手は、教室の空気を温める一番有効な武器なのだ。

拍手をどんどん使って、どんどん「音」をつくろう。そうすれば、どんより重たい教室の空気を払拭できる。

早口言葉の魔力を使えば、思わず声が出る

拍手をすれば、教室の空気が、少し温まる。温まってくれれば、次は、声出しだ。

声出しには、早口言葉がオススメ。子どもたちは、早口言葉が大好き。早口言葉を教えれば、すぐに口に出して言ってみたくなる。いや、言ってしまうな。

早口言葉を言う声が、教室の空気を温めてくれる。失敗して笑う声が、さらに教室の空気を温めてくれる。そう、

早口言葉は、子どもたちに「声出し」をさせる、有効なアイテムだ。
それどころか、次の「笑い」につなげることさえできる、優秀なアイテムだ。

ネットで調べれば、いくらでも面白い早口言葉が手に入る。それを黒板に書いておくだけで、子どもたちは言いたくなる。

もう少し丁寧に、ネタフリをしてもいい。たとえば、バインダーに挟んだプリントを見ながら、真面目に言う。

「昨日先生たちは、徹夜で職員会議をして、この学校の合言葉を決めました。この学校の合言葉は、……『高かった肩たたき機』です」

私は、滑舌が悪い。「高かった肩たたき機」なんて、上手く言えるわけがない。

私が噛むと、笑いが起きる。「先生、言えてないじゃん！」と、自然にツッコミも起きる。すでに、教室の空気が温まっていくのが感じられる。

「この学校の合言葉だから、当然、言えるよね。全員、起立！『高かった肩たたき機』って、10回言ったら座りなさい」

早口言葉を練習する声が、教室の空気を温めてくれる。さらに、失敗して起きる笑い声が、教室の空気を温めてくれる。

「練習の成果を発表してもらおう。言えなくても、とりあえずチャレンジしたら、小さな拍手。まあまあ上手だったら、中ぐらいの拍手。噛まずに完璧に言えたら、大きな拍手。

では、チャレンジするのは、この列」

割り箸クジを引いて、どの列が発表するか決める。

「当たった～！」「やった～、セーフ！」

と、子どもたちから、強い反応が返ってくる。この声も、空気を温める。

ちなみに、割り箸クジも、教室の空気を温めるアイテムの1つだな。箸頭（先の逆）に出席番号を書いておくだけ。準備も簡単なので、読者のクラスにも置いておくといい。

当たった列は、前の席の子から、1人ずつ早口言葉を言っていく。そして、他の子たちは、拍手で評価する。早口言葉を言う声、拍手の音、笑い声。どんより重たかったはずの教室の空気が、どんどん温まっていく。いや、熱くさえなるほどだ。

早口言葉は、「拍手」「声出し」「笑い」の全てを引き出すことができる。まさに、早口言葉は、教室の空気を温める最終兵器だ。

早口言葉を言わせるだけで、教室の空気は温められる。さらに演出を工夫すれば、教室の空気を熱くすることさえできる。早口言葉、恐るべし。

「お約束」で、教室をライブ会場にしてしまえ

たとえば、教室でゲームをする前。私は、次のように叫ぶ。

「古今東西ゲーム、いえ〜い！」

「いえ〜い！」の部分は、子どもたちと一緒に叫ぶ。両手を胸の前でグーにしてくっつけ、親指を立てる。右足を前に出しながら、両手も出し、「いえ〜い！」と言う。子どもたちにも、このポーズを強要する。

ちなみに、古今東西ゲームぐらい知っているよね。お題に合った答えを、1人ずつ順番に言っていくゲームだ。たとえば、お題が「『あ』で始まる食べ物」だとする。子どもたちは、席順に「アイス」「あなご」「あんパン」と、答えを言っていく。5秒以内に言えなければ、アウト。座る。最後まで立っていた子が、優勝である。

シンプルなゲームだ。だからこそ、教師の演出しだいで、盛り上がりも、しらけもする。最初に、みんなで「いえ～い！」と言うのは、私の常套句。もちろん、盛り上げるための演出だ。古今東西ゲームでなくても、

「限定しりとり、いえ～い！」「億万長者ゲーム、いえ～い！」

と、子どもたちと言ってからする。もちろん、ポーズつき。

「ハヤオシ！ピンポン！」

は、「ピンポン！」を子どもたちと一緒に叫ぶ。ポーズは、グーで親指を立てた右手を突き出すだけ。言葉やポーズは違うが、やっていることは同じだ。要は、

ゲームの最初に、教師と子どもたちが、同じ言葉を叫びながら、同じポーズをする

ということである。こうやって、最初に盛り上げてから、ゲームに入る。これが、私のクラスの「お約束」だ。

「お約束」をつくる技術は、ウルフルズのライブで学んだ。

2002年（たぶん）、私は、ウルフルズのライブに初めて行った。で、驚いた。全曲、「かけ合い」でできていたからだ。

たとえば、有名な「ガッツだぜ!!」（作詞・作曲：トータス松本）。「ガッツだぜ♪」の部分は、ウルフルズのメンバー全員とお客が一緒に声を出す。拳を突き上げるポーズも、トータスと一緒にする。

大好きな名曲「愛がなくちゃ」（作詞・作曲：トータス松本）も、そう。トータスが「愛がなくちゃ♪」と歌えば、お客と他のメンバーで「愛がなくちゃ♪」とくり返す。いや、誰も知らないか。

いずれにせよ、ウルフルズの曲は、全てお客さんとの「かけ合い」が前提。お客との「かけ合い」が入って、初めて曲が完成すると言ってもいいほどだ。

そして、全ての「かけ合い」が「お約束」になっている。ウルフルズのメンバーとお客とが「お約束」を共有しているから、「かけ合い」が成立するのだ。

教室でも、ウルフルズの技術は使える。簡単にまとめれば、

教師と子どもが一緒に声を出す、同じポーズをする、「お約束」をつくる

ということだな。「お約束」を子どもと共有しよう。そうすれば、ウルフルズのライブのように、あなたのクラスも盛り上がる。ライブの熱気を、教室で再現するのだ。

短いからこそ、返事がいい

「お約束」をつくって、子どもたちに声出しをさせる技術を紹介した。

ここでは、もっと抵抗なく、子どもたちに声出しをさせる方法をお教えしよう。

それは、返事である。

私のクラスでは、たとえば、次のようなやり取りをする。

「今から、話をします」（教師）「はい！」（子どもたち全員が声を揃えて）

「先生の目を見て、しっかり話を聞いてくださいね」「はい！」

教師が話をして、返事をするきっかけをつくる。そのきっかけに合わせて、子どもたちが返事をする。まさに、「かけ合い」。これも、「お約束」だな。

もちろん、返事を入れずに、

「今から、話をします。先生の目を見て、しっかり話を聞いてくださいね」

と、教師が一方的に話をすることもできる。しかし、「はい！」と短い返事を入れるだけで、リズムが生まれる。

試しに、次のやり取りを声に出して読んでみてほしい。

「今から、漢字テストをします」「はい！」

「100点が取れるように、がんばってくださいね」「はい！」

リズムが心地よいのが、実感できるはずだ。

「返事」は、声出しをさせ、リズムを生むことができる、お得なアイテムだ。

声出しとリズムの相乗効果は、絶大な威力を発揮する。教室の重たい空気を一気にぶっ飛ばす破壊力だ。

昔の子は、教師が返事をしてほしいタイミングが分かっていた。教えなくても、「あうんの呼吸」で、子どもたちに返事のタイミングが伝わっていたのだ。

しかし、今の子は、違う。教師が返事をしてほしいタイミングが分からない。

それどころか、「今、返事をしていいのかな？」なんて、不安に思う子がいる。そんな子どもたちには、「ここで返事をしてほしいんだよ」と、はっきり伝えてあげなくてはならない。そうすれば、子どもたちは、安心して返事ができる。

そこで、新年度当初、私は「お約束」をつくる。

教師が、顔の横に右手を挙げて、手のひらを見せたら、返事をしてほしい合図。

「どうぞ」と、子どもたちの方に手のひらを差し出したら、返事をする。

これを、くり返す。すると、子どもたちも、どこで返事をすればいいのか分かってくる。

そして、最後には、合図なしで返事できるようになる。

教師と子どもたちとの間に「あうんの呼吸」をつくっていると言ってもいい。う〜ん、「あうんの呼吸」を意図してつくる……今どきの子どもたちは、本当に面倒だな。

「あうんの呼吸」が分かり、安心すれば、子どもたちはどんどん返事をする。

返事は短いので、抵抗なく声出しができる。短いことが、返事の一番の長所である。何度も何度もくり返し、どんどん返事をさせよう。すると、どんどん教室の空気が軽くなる。

「くり返し」で、重たい空気をすっ飛ばせ

返事は、短い。だから、子どもたちは抵抗を感じない。

返事は、短い。だから、くり返しくり返し、どんどん使える。

返事は、声出しのための優等生アイテムだ。

同じように短くて楽に取り組める、声出しのための優等生アイテムを紹介しよう。

「くり返し」である。

たとえば、聖徳太子について、次のような説明をする時である。

「聖徳太子は、推古天皇の摂政として、天皇中心の政治を行いました。日本初の憲法である十七条の憲法を定めました。また、家柄に関係なく能力や功績で役人を取り立てる冠位十二階を定めるなど、多くの偉業を成し遂げました」

15秒程度の説明である。しかし、教師の説明の声だけが響く。こんな時間が続くと、教室の空気は、どんどん重たくなってしまう。

そこで、「くり返し」の技術を使うといい。

私のクラスでは、次のような「お約束」がある。

教師が「はい！」と言ったら、くり返して言う。

これだけのことだが、とっても有効。「くり返し」の技術を使うと、聖徳太子の説明は、こうなる。

「聖徳太子は、推古天皇の摂政として、天皇中心の政治を行いました。天皇中心の政治。はい！」（教師）

「天皇中心の政治！」（子どもたち全員が声を揃えて）

「日本初の憲法である十七条の憲法を定めました。十七条の憲法。はい！」（教師）

「十七条の憲法！」（子どもたち全員）

「また、家柄に関係なく能力や功績で役人を取り立てる冠位十二階を定めるなど、多く

の偉業を成し遂げました。冠位十二階。はい！」（教師）
「冠位十二階！」（子どもたち全員）
こうやって「くり返し」て、声出しさせる。すると、教室の空気が温まっていく。
また、教師の説明を聞く時間が、子どもたちは嫌い。大っ嫌い。子どもたちにとっては、と〜っても退屈な時間である。
私は、ずっと言っている。たとえば、『策略―ブラック授業づくり』の25ページ。

子どもは、ジッと黙って座って話を聞くのが、嫌いで苦手。

これが、私の児童観だ。だから、「くり返し」言わせる技術を使って、子どもたちを動かす。子どもたちを飽きさせないようにしているのだ。

「くり返し」の技術は、どんな場面でも使える。

「今から、漢字辞典の使い方を学習します。漢字辞典。はい！」「漢字辞典！」

「赤色のリトマス紙を青くするのは、アルカリ性です。赤を青、アルカリ性。はい！」

「赤を青、アルカリ性！」

「テレパシーっていうゲームをするよ。テレパシーは、班対抗で行います。班対抗。はい！」「班対抗！」

「ルールは、自分を守るためにあります。自分を守るため。はい！」「自分を守るため！」

こうやってみていくと、本当に驚くほど、どんな場面にでも使えるな。

そして、この程度の技術なら、若手教師でも使える。いや、1年目のシロウト教師にでも使えるはずだ。

どんな場面でも使える、誰にでも使える。そんな技術こそ、優れている

と、私は考えている。となれば、「くり返し」は、非常に優れた技術である。

「くり返し」の技術を、どんどん真似して、どんどん使おう。授業にリズムが出るのが、実感できるはずだ。子どもたちが飽きないのが、実感できるはずだ。そして、もちろん、教室の空気が温まる。

技術は、使ってこそ意味がある。「くり返し」の技術、ぜひ、真似して使うべし。

授業の最初に、声出しの「罠」をしかけよ

授業の最初、私は、声出しをさせるようにしている。これは意識して、技術として行っていることだな。

たとえば、号令。チャイムが鳴ると同時に、私は、

「日直！」

と、叫ぶ。私の言葉に、すぐに日直が号令をかける。

「姿勢を正してください！」（日直）「はい！」（クラス全員が声を揃えて）

「今から、○時間目の学習を始めます」（日直）「はい！」（クラス全員）

「がんばりましょう！」（日直）「がんばりましょう！」（クラス全員）

「礼！」（日直）「お願いします！」（クラス全員）

この号令を、ものすごいスピードでさせる。5秒とかからない。実際に、5秒以内に言ってみるといい。そうすれば、読者にも、私のクラスのスピードが伝わると思う。

この号令の約束は、チャイムが鳴っている間に、終えること。つまり、チャイムが鳴り終わる前に、授業スタートだ。

ポイントは、返事と声出し。

日直の号令に合わせて、クラス全員で「はい！」と、2回返事をしている。また、クラス全員で「がんばりましょう！」「お願いします！」と、2回声を揃えて言っている。

意図的に、返事と声出しをさせることで、教室の空気を温めている。

授業は、最初の雰囲気づくりが大切である。


毎時間くり返し行われる号令で、自然に、返事と声出しをさせる。

こうやって空気を温めてから、授業に入る。


毎時間、号令だけで、「前説」と同じ効果がある。この号令、読者のクラスでもやってみてほしい。

ちなみに、「自然に」と書いたが、子どもたちにそう思わせているだけ。くり返すが、私は技術として、この号令をさせているのだ。

授業の最初のこの号令は、空気を温めるだけではない。さらに、

声を揃えて言わせることで、子どもたちの集中力を高めている。

教室の空気を温め、子どもたちの集中力を高める。まさに、号令だけでツカミはOKだ。

さらに、号令に続けて、声出しをさせることも多い。

たとえば、4年生の算数。わり算の筆算の学習である。私が、

「わり算の筆算の呪文は?」

と言えば、子どもたち全員が声を揃えて、

「たてる!かける!ひく!おろす!」

と言う。私が黒板を叩くリズムに合わせてである。これも、リズムに合わせさせることで、子どもたちの集中力を高めていく。

たとえば、6年生の社会科。歴史の学習をする時である。最初に、私が、

「チャレンジ!」

と叫ぶ。子どもたちは、

「時代暗記!」「テスト!」

と叫ぶ。「時代暗記!」のところで、拳を握る。そして、「テスト!」と、拳を突き上げながら言う。68〜69ページで紹介した、私の講座のツカミと同じ。「夏の!」「ネタ祭り!」の言葉を換えただけである。続けて、私は、

「では、いくよ。ワン、ツー、スリー、はい!」

と、机を叩いて、リズムをつくりながら言う。子どもたちは「はい!」に続けて、

「縄文、弥生、古墳、飛鳥、奈良、平安、鎌倉、室町、安土・桃山、江戸、明治、大正、昭和、平成、令和」

と、リズムに乗って言う。ちなみに、「安土桃山」は長い。そこで、「安土」と「桃山」に分けて、リズムを崩さないようにする。

リズムがいいと子どもたちが乗ってくる。お笑いだって、リズムネタは、笑いが取りやすい。子どもたちを乗せるためには、リズムが大切なのだ。

さらに、次のようなやり取りを続ける。

「次は、今日、学習する時代で止めてね。ワン、ツー、スリー、はい！」（教師）
「縄文、弥生、古墳、飛鳥、奈良、平安！」（子どもたち全員が声を揃えて）
「その通り！よく止めた。今日は、平安時代について学習するよ。平安時代。はい！」（教師）
「平安時代！」（子どもたち全員）
「平安時代と言えば？」（教師）「貴族！」（子どもたち全員）
こんなやり取りをしてから、授業の本題スタートだ。歴史の学習の間は、ずっと続けた。
ちなみに、「チャレンジ！暗記テスト」は、尊敬する佐藤正寿氏（東北学院大学・教授）のネタ（上條晴夫監修、佐藤正寿編著『やる気と集中力を持続させる社会科の授業ミニネタ&コツ101』学事出版）。このネタを使えば、歴史の全体の流れが分かる。すると、細部も理解しやすい。やはり良ネタは、たくさん知っておくと便利である。
号令を使って、返事や声出しを、意図的にさせよう。また、授業の最初に、声出しをするネタをもってこよう。
こんな技術を使って、教室の空気を温める。子どもの集中力を高める。そうすれば、楽しい授業が実現する。

テンポとリズムで誤魔化してしまえ

若手芸人は「前説」で、声出しをさせて、空気を温める。と同時に、リズムを生み出している。リズムがいいと、お客さんが乗ってくるからだ。

教師も「返事」「くり返し」などの技術を使って、声出しをさせるといい。教室の空気が温まる。それと同時に、授業にリズムが生まれる。

若手芸人の「前説」から、もう1つ学びたいことがある。それは、テンポ。

彼らの話すテンポは、とっても速い。
教師も、早口を意識し、話すテンポを上げるといい。

ＣＭもそうだし、ゲームもそう。子どもたちが好きなものは、スピード感がある。

バラエティ番組も、そうだな。タレントやお笑い芸人が、ものすごく速いテンポで、トークを繰り広げている。

彼ら彼女らのトークを、字起こしする。そして、ゆっくりのテンポで読んでみる。そうすれば、分かることだが、実はそんなに面白いことは言っていない。

テンポさえ速ければ、楽しい会話に聞こえる

と言っていいほどだ。逆に、テンポが遅ければ、つまらなそうに聞こえる。ものすごく面白いことを言っても、笑いは取れない。

今どきの子どもたちは、こういうテンポの速いバラエティ番組のトークに慣れている。

真面目な教師の丁寧な話し方は、かなりゆっくりに感じられるに違いない。

そして、ゆっくりな教師のトークを、退屈だと感じているに違いない。

教師は技術として、早口でしゃべるようにするべきだ

と思う。若手教師の授業を見る機会が増えてきた。

「授業が上手い！」と感じる教師は、テンポとリズムがいい。早口でテンポを上げ、「返事」や「くり返し」でリズムをつくろう。

全ての教師に必要な、授業の超・基本技術だと思う。

ちなみに、私は、たいした教材研究をしていない。明らかに準備不足の授業をしてしまうことが多い。それでも、子どもたちは、私の授業に乗ってくる。

私の授業は、テンポとリズムだけで勝負している、と言っても過言ではない。

50歳を超えた私は、言葉がすらすら出てこない。子どもたち相手にお説教する時も、言葉に詰まることがある。それでも、テンポだけは崩さない。そうすれば、子どもたちに伝わる。お説教も、テンポとリズムが命。テンポとリズムがあれば、誤魔化せる。

テンポについてこれない子どもは、ひとまず、捨てておけ！

私の講座は、活動中心である。いろいろな活動をしながら、理屈を語っていく。尊敬する古川光弘氏曰く、「誰にも真似できない講座」である。えっへん。自慢。

ということで、私の講座をリモートで実現するのは、不可能だ。だから、コロナが始まってからの登壇数は、０（ゼロ）。それどころか、感染が怖い私は、人付き合いを一切やめていた。完全なる引きこもりである。

やっとコロナが終わった。そこで、講座を復活させることにした。復帰第一弾は、校内研修。友達の中村栄八郎氏が、企画してくれたものだ。中村氏とは、同性。そして、同姓。しかも、同い年。ずっと仲良くしてもらっている。

久しぶりの講座は、最高に楽しかった！校内研修とは思えないほど、参加者は積極的。

本当に良い学校、良い職場なのが分かる。雰囲気が、この上なく良い。

講座は、大盛り上がり。私は久しぶりなので、講座に飽きていない。だから、私のコアになる理屈を中心に語った。ネタも定番。まさに、私の原点回帰の講座だと言ってよい。

校内研修の後、校長先生が、豪華なお店に連れて行ってくださった。牛肉のかたまりがご飯の上に、豪勢にのっている。こういうの、実は、私は苦手。最初に出てきた、少しずつ盛り合わせてある前菜の方が好物だ。ドンブリは、同席してくれた若手に任せた。私は、9種類もの前菜をつまみに、ちびちび食べた。もちろん、ビールを楽しみながら。

そんな中で、校長先生から、衝撃の告白を受けた。

「中村先生のゲーム、若い子たちは、大喜びで楽しんでいました。でも、私は、すぐに理解できないものも多くて。なんとか周りに助けられて、ゲームに参加することができました。助け合いもできるのが、いいですね！」

私は、早口である。だから、ゲームの説明も、早口。そのテンポに、校長先生はついていけなかったと言うのだ。正直、ちょっとショック。そんなに俺の説明、下手だったっけ？

でも、この校長先生のような子は、きっとクラスにもいる。実際、「このゲームのルール、この子は理解していないだろうな」と感じることもある。そんな時、私はどうするか？

私は、全員がルールを確実に理解することよりも、テンポを優先させる。

全員がルールを確実に理解しなくても、ゲームは成り立つものだ。そして、理解の遅い子も、そのうちついていけるようになるものだ。私は、経験上、そう思う。

講座のQ＆Aで、次のような質問を受けることがある。

「テンポの速さが大事なことは、分かりました。でも、中村先生のテンポについてこられない子はいませんか？いれば、どうしますか？」

正直、よく分からない質問である。私のクラスには、テンポについてこられない子は、いないからだ。いや、正確には、最初はいるのだろう。だから、正しい答えは、

テンポの遅い子に、合わせることはない。私の速いテンポに、慣れさせていく

ということかな。いずれにせよ、ついてこられない子がいても、その子に合わせない。テンポは落とさず、ついてこられるように鍛えていく。答えになっていますでしょうか？

耳より情報！真面目な教師でも、「笑い」は起こせる

教師は、真面目である。真面目だから、教師になったと言ってよい。そんな真面目な教師たちは、「笑い」が苦手な人も多いだろう。

私も、もちろん、苦手である。得意なら、お笑い芸人になっているわな。私も「笑い」が苦手だから、教師になったんだ。

読者も、きっとそうだろう。「拍手」をさせる技術は、分かった。「声出し」させる技術も、分かった。でも、「笑い」は、ちょっと……。そう感じている方も、多いはず。

そこで、朗報。まさに、吉報。さらに、快報。山で、ヤッホー！

そんな真面目な私でも、教室に「笑い」を起こす方法がある。そんな真面目な読者でも、教室に「笑い」を起こす方法がある。聞きたくなるよね。まさに耳寄りな情報だ。これだ

けでも、この本を買った意味があった、と感じる読者も多いはず。

それは、……私の師匠・上條晴夫氏（東北福祉大学・教授）が開発した方法である。私は、尊敬の念を込めて「上條理論」と呼んでいる。

・お笑いは「フリ」「オチ」「フォロー（つっこみ）」から成り立つ。
・今までの教師は「オチ」を自分で担当しようとして失敗してきた。
・子どもたちに「オチ」を担当させ、教師は「フリ」「フォロー（つっこみ）」を担当しよう。

『授業づくりネットワーク』（学事出版）で連載した「教室がなごむお笑いのネタ」の2004年5月号で紹介したものだ。

これ、たぶん、私の初連載じゃないかな？もう、19年前かあ。私も歳を取ったわけだ。19年前の「上條理論」である。しかし、この理論の輝きは、全く衰えない。

確かに、この方法なら、真面目な教師でも、教室に笑いが起こせる。まさに、コペルニクス的転回である。まあ、意味は知らないんだけど。

これなら、真面目な教師が「オチ」を担当し、すべって、子どもたちが離れていくなんて、リスクもない。子どもと教師のコミュニケーションで、笑いがつくれる。そして、子どもを主役にして、笑いがつくれる。

本当に、驚くぐらいよくできている。さすが、私の師匠である。

説明だけでは理解できない読者も多いだろう。そこで、1つだけネタを紹介してみよう。そう。私の講座は、説明だけではない。たくさんのネタをして、そこに理屈を加える。「健ちゃんは、ネタをやりながら、理論を説明できる。これは、独特で、他の人には真似できない」と、褒められたことがある。

この言葉の主は、古川光弘氏。憧れの実践家に褒められると、やっぱ嬉しいよなあ。ということで、99ページに続けて、くり返し紹介してみた。「デジャブ」だと思ったあなた。デジャブではない。さっきも書いた。安心してね。

話が逸れた。では、「上條理論」がよく分かるネタ。

★お笑い！お絵描きバトル

① 教師が「アンパンマン」など、お題を1つ出す。

② 子どもたちは、1分間でその絵を描く。ウケを狙わず、真面目に描くのがポイン

ト。

③ 班に分かれて、1人ずつできあがった絵を見せていく。自由につっこんでいい。
④ 班で「そっくり賞」と「お笑い賞」を決める。
⑤ 教師がクラスみんなに「そっくり賞」と「お笑い賞」を見せていく。軽くつっこむだけで大爆笑。

「ミッキーマウスを描きなさい」「サザエさんを描きなさい」と教師が「フリ」をする。子どもたちは、お題の絵を一生懸命描く。これが、「オチ」。教師は、その絵をみんなに見せ、軽く「フォロー（つっこみ）」をする。見事に「上條理論」を使って、教室に笑いを起こすゲームである。

もちろん、このゲームは一例である。授業中のやり取りでも、「上條理論」を意識するといい。子どもの面白い発言を引き出す。そして、軽くつっこむ。そうすれば、教室に「笑い」が起きる。大爆笑させる必要はない。教室がなごむ程度で、十分だ。

真面目な教師は、無理して「オチ」を担当しなくていい。「オチ」は、子どもたちに担当させよう。「上條理論」を技術として使い、子どもたちと一緒に「笑い」をつくるのだ。

力ずくでも、ザワザワ空気は押さえ込め

定番の「前説」から、空気を温める技術を学んできた。どんより重たい空気は、荒れにつながる。学級崩壊しないためにも、どんより重たい空気を払拭しなければならない。

「拍手」「声出し」「笑い」を持ち込む技術で、どんより重たい空気は改善できるだろう。

しかし、これらの技術で、教室が温まりすぎる時がある。

たとえば、「笑い」である。先に紹介した「お笑い！お絵描きバトル」をする。その後、ザワザワと騒がしい空気が収まらないことがあるのだ。

どんよりと重たい空気は、荒れにつながる。
ザワザワと落ち着かない空気は、もっと荒れにつながる。

このことを若手教師は、肝に銘じておかなければならない。

私は、真面目な授業が嫌いだ。子どもたちのつまらなそうな顔に、耐えられなくなることも多い。そんな時、ユーモア教育の元祖・有田和正氏の名言を思い出す。


一時間で一回も笑いのない授業をした教師は、ただちに逮捕する。


これ、本当に、名言だよなあ。私は「逮捕」ではなく「死刑」でもいいと思うけど。いや、言葉がすぎた。コンプライアンス違反か。「無期懲役」ぐらいにしておこう。

私は、子どもたちを笑わせるのが好きだ。教室はよく、私と子どものやり取りで、爆笑になる。そして、教室がザワザワする時がある。

そんな時、私は、どうするか？「うるさい！」「黙れ！」と厳しく注意して、黙らせる。

事実、私の授業を見た同僚が、

「健ちゃんは、盛り上げるだけ盛り上げておいて、平気で『黙れ！』って言うんだよね」

と、笑いながら言っていた。でも、これ、実に、大切な技術なんだよなあ。いや、技術という、巧みなイメージはないな。まさに、力技。でも、大事。

たとえば、ゲームである。クラスで楽しいゲームをすることは、もちろん、いいこと。子どもと子ども、子どもと教師をつなげるという「表」の目標が達成できる。教師の指示を聞くこと、ルールを守ること、を教えるという「裏」の目標を達成できる。学級づくりに、ゲームは非常に有効なアイテムだ。

しかし、楽しいゲームをした後、子どもたちはサッと切り替えて、静かになっているだろうか？教師は、ザワザワ空気を収めることができているだろうか？

ザワザワ空気を収められないなら、ゲームは、学級づくりのアイテムとしては機能しない。それどころか、ゲームは、学級崩壊へ導くアイテムとして機能してしまう。

鎮められない教師に、ゲームをする資格なし。
そんな教師には、ゲームは、百害あって一利なし。

ことわざまで持ち出して、厳しく言っておく。教師は、ザワザワ空気をきちんと収める技術をもとう。ザワザワ空気が続くと、学級崩壊へまっしぐらだ。

「音」を消して、落ち着きを演出せよ

どんより重たい空気を払拭するためには、「音」をつくることが大切だ。そこで、「拍手」「声出し」「笑い」で、「音」をつくる技術を紹介してきた。

拍手の音、声、笑い声が、教室の空気を温めてくれる。

今どきの教室の空気は、安定しない。どんよりと重たい空気のクラスがある。ザワザワと落ち着かない空気のクラスがある。

1つのクラスの中でも、空気はころころと変化する。どんよりと重たい朝がある。どんよりと重たい午後がある。ザワザワとした朝もある。ザワザワとした午後もある。

今どきの教室の空気は、実に、不安定だ。

そこで、教師の出番である。これからの教師には、

まずは、教師が的確に、教室の空気を読む。
そして、普通の状態に戻すための空気調整をする。

こんな技術が求められるだろう。
では、ザワザワ空気を落ち着かせるには、どうすればいいか？
空気を温めるために、「音」をつくった。だから、空気を冷ますためには、その逆をする。

ザワザワ空気を落ち着かせるためには、「音」を消してしまえばいい

のだ。「音」のない「沈黙の時間」が、静かな空間を演出してくれる。具体的に言えば、

子どもたちを黙らせる。

黙らせれば、教室を落ち着いた空気に変えることができる。

たとえば、授業の最初に子どもたちを落ち着かせたいとする。一番簡単なのは、黙想だ。子どもたちは、授業開始のチャイムが鳴る1分前に席に着く。そして、黙って目を閉じて、チャイムが鳴るのを待つ。

中学校でよくやっている方法だと聞いた。こうやって黙想のルールをつくってしまう。そうすれば確かに、落ち着いた状態で、授業をスタートすることができるだろう。

一昔前、「百マス計算」が、大流行した。私も、取り組んだことがある。

もちろん、子どもたちの計算力を高めることが目的だ。しかし、これは、「表」の目的。「裏」の目的は、子どもたちを黙らせることだ。「百マス計算」をすれば、子どもたちは黙って取り組む。しかも、集中力のある、真面目な空気が演出できる。

私は、当時、荒れた学校に勤務していた。そこで、「策略」として、「百マス計算」を持ち込んだのだ。

この「策略」は、見事に当たった。「百マス計算」をした後は、静かな落ち着いた雰囲気になった。お陰で、落ち着いた空気の中、授業をスタートさせることができた。

次ページから、「百マス計算」のように、子どもたちを黙らせる技術を紹介していく。

授業の最初にこそ、子どもを沈黙に導く技を使え

授業の最初に、子どもたちを黙らせる方法を紹介しよう。算数では、「30秒当て」がオススメだ。「数量感覚を高めるため」とか、適当な理由をつけてするといい。

子どもたちは、すぐに立てるように、イスを引いて座る。そして、目を閉じて、30秒経ったと思うところで立つ。もちろん、30秒ぴったりで立った子が優勝だ。

30秒の沈黙が、教室の空気を鎮めてくれる。ザワザワがひどい時なら、1分にするといいだろう。沈黙の時間が、長ければ長いだけ、子どもたちは落ち着く。

社会科は、3問テストかな。

「おしゃべり禁止。ノートに①、②、③と書きなさい。昨日の学習から、3問テストします。先生の質問に、黙ってノートに答えてください。第1問～～」

こうやって、ミニテストをする。これも、「おしゃべり禁止」や「黙って」で、沈黙の時間をつくるのがポイントだな。

さて、国語。いよいよ私の専門だ。一番のオススメは、「呼んでいるのは、誰？」。自信作なので、きちんと罫線で囲んで紹介する。

①　クジで選ばれた1人が、解答者。教室の前に出る。そして、アイマスクをして、みんなの方を向く。
②　まずは、第1ステージ。教師が指名した1人が手を挙げる。そして、解答者の名前を「○○くん」と呼ぶ。解答者は、誰が呼んだか当てれば、1ポイント。次のステージへ。
③　次は、第2ステージ。教師が指名した2人が手を挙げる。そして、解答者の名前を「○○くん」と声を揃えて呼ぶ。解答者は、誰が呼んだか2人とも当てれば、2ポイント追加。次のステージへ。
④　第3ステージの3人同時、4人同時、5人同時…呼んだ子を全員当てれば、どんどん次のステージに進む。

⑤　間違った時点で、終了。間違うまでに当てた人数がポイントになる。たとえば、第3ステージの3人中2人を当てれば、5ポイント。もちろん、ポイントが多い人が優勝。

国語の時間の最初に、1人ずつチャレンジさせていくといい。最高記録は、黒板の隅に書いておく。すると、子どもたちは最高記録を目指し、集中してがんばる。

他には「どっちが正解？」がいい。教科を問わず、子どもたちを黙らせることができる。

教師は、子どもたちに「おしゃべり禁止！」と言う。そして、たとえば「①いばらぎ県」「②いばらき県」と黒板に書く。子どもたちは正しいと思う番号を決めたら、机に伏せる。そして、伏せたまま、正しいと思う方の番号の指を挙げる。その後、顔を上げていいが、まだ、おしゃべりは禁止。子どもたちは、他の子の答えが知りたくて、きょろきょろ見る。教師が「正解は、……②」と発表すると、正解した子から歓声が上がる。

問題は、宿題の漢字練習で、多くの子が間違っているものから出すことが多い。

授業の最初に、子どもを黙らせるゲームを技術として、意図的に使おう。教室の空気を落ち着かせなければ、授業にならない。

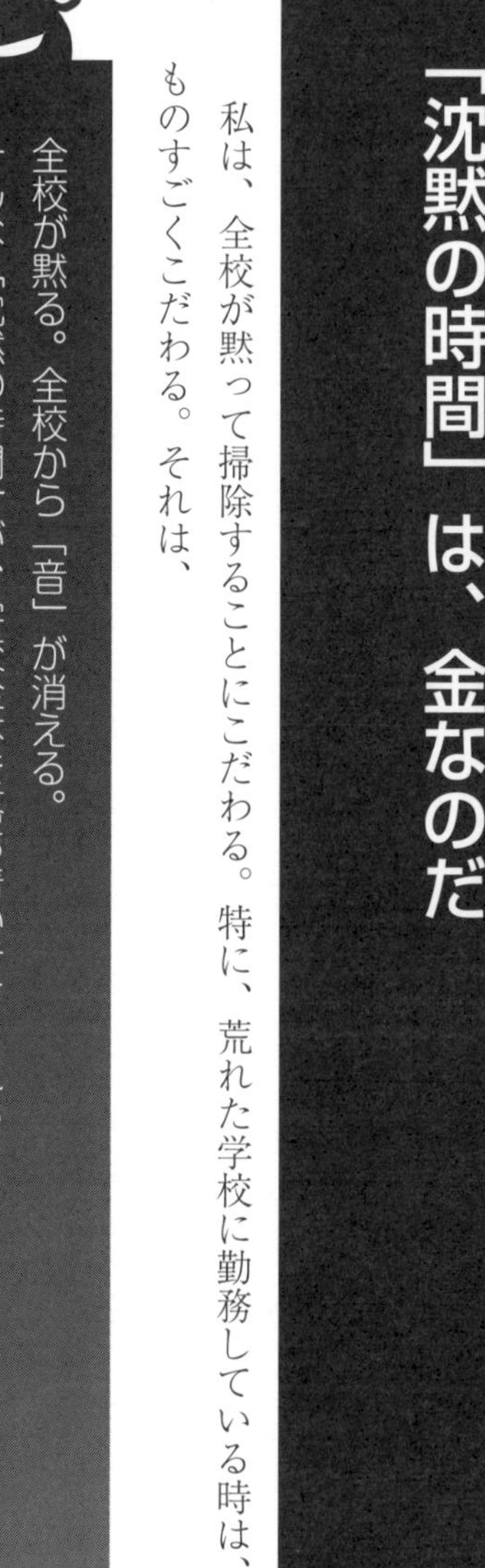

「沈黙の時間」は、金なのだ

全校が黙る。全校から「音」が消える。
そんな「沈黙の時間」が、学校全体を落ち着かせてくれる

私は、全校が黙って掃除することにこだわる。特に、荒れた学校に勤務している時は、ものすごくこだわる。それは、からだ。まさに、「沈黙は、金」なのである。

多くの学校で、「黙って掃除をする」ことが目標にあげられている。それなのに、掃除中、子どもたちの話す声がする学校が多い。

理由は、簡単。教師が、きちんと指導していないからだ。

「黙って掃除をしなさい」と言った以上は、黙って掃除をしている子は、褒める。おしゃべりをしている子は、叱る。

くり返し言っているが、教師に与えられている指導は、褒めるか叱るしかない。

教師が「黙って掃除をしなさい」と言っているのだ。黙って掃除をしている子は、全力で褒めよう。おしゃべりをしている子は、全力で叱ろう。

そうやって、学校全体、全員が、1人の例外なく、黙って掃除できる学校にしていかなければならない。

黙って掃除ができるようになれば、こっちのもの。「沈黙の時間」が、学校全体を落ち着かせてくれる。荒れた学校も、少しずつ改善されていく。

始業式、終業式、全校朝会、児童集会などで、集まる時もそうだな。全校で集まる時は、黙って、集まれるようにする。黙って、待てるようにする。

これは、6年生、最高学年から変えていくしかない。

「最高学年として、全校のお手本になれるように振る舞いなさい。全校で集まった時は、しゃべりません。君たち6年生にできないことが、他の学年にできるわけがない。まずは、最高学年である、6年生が黙ります」

こうやって、6年生を黙って集まり、黙って待てる、最高学年に鍛え育てていく。

さらに、高学年の5年生、上学年の4年生と、黙れる学年を増やしていく。そうすれば、全校が黙って集まれるようになる。黙って待てるようになる。

ちなみに、6年生から鍛え、下の学年に広めていくのも、技術である。

「最高学年として」と追い込むのも、技術である。「6年生にできないことが、他の学年にできるわけがない」という言い方も、技術である。

行事指導が軽視されている。先輩教師のちょっとした指導から、技術を学ぶ機会もなくなってしまっている。

そこで、オススメの本がある。『策略―ブラック運動会・卒業式』だ。この本には、私の得意な行事指導の技術が詰められている。ぜひ読んで、学んだ技術を使ってみてほしい。

まあ、全校の話は、中堅教師からかな。若手教師は、まずは、自分のクラスだろう。自分のクラスで、意識的に「策略」として、「沈黙の時間」をつくっていくことが大切だ。

私のキャッチコピーは、「日本一のお笑い教師」。そんな私は、子どもたちを笑わせるのが好きだ。楽しませるのが好きだ。大盛り上がりで、教室が騒がしい時間も多い。

でも、その一方で、子どもたちが黙る時間も、ものすごく多い。

たとえば、ノートに自分の考えを書く時である。「1分間で」「3分間で」と、時間を指示する。指示された時間の間は、教室がシーンとした状態である。もちろん、おしゃべりする子なんか、いない。鉛筆の音だけが、響いている。

たとえば、私は、クラスのルールを、合言葉にして子どもたちに伝えている。

「給食準備は？」（教師）「黙って！10分以内！」（子どもたち全員が声を揃えて）
「朝自習は？」（教師）「黙って！座って！」（子どもたち全員）
「教室移動は？」（教師）「黙って！並んで！」（子どもたち全員）
「掃除は？」（教師）「絶対黙って！」（子どもたち全員）
「ランドセルは？」（教師）「黙って！2分で！片付ける！」（子どもたち全員）

合言葉に「黙って！」を多くするのも、技術である。

若手教師も、意識して教室がシーンとする時間をつくってほしい。「黙って！」をクラスのルールに取り入れてほしい。「沈黙の時間」が、クラスをきっと落ち着かせてくれる。

第3章

小さいけれど効果を生む教師の微細技術

些細な技術こそ、宝と心得よ

第1章では、私のクラスの子どもたちの発表をもとに、技術を学んだ。

第2章では、お笑いの「前説」から、技術を学んだ。

もちろん、これでは、不十分だ。教師が身につけなければならない技術は、まだまだ山のようにある。山のようにありすぎて、何から書けばよいか?迷うほどだ。

どうせ、全部は、無理。ということで、超・基本的な技術から書くことにする。まずは、

終わったら、どうするか?を、明示する指示を出す

ということだ。

今年度、小規模校に初めて勤めたと書いた。小規模校には、様々なローカルルールが存

在する。そんなローカルルールの1つが、集団下校。驚いたことに、毎日だ。

もちろん、学年によって、下校時刻が違うことがある。そんな時は、下校時刻が同じ学年が集まって、集団下校する。1年生だけで、集団下校する日もある。

そういえば、入学式の時もそうだった。入学式には、1年生と6年生だけが出席した。1年生は、保護者と一緒に帰る。

私は、教室で、6年生の入学式でのがんばりをねぎらった。そして、「さようなら」をした。その後、私は、職員室でくつろいでいた。すると、同僚がやって来て、言った。

「中村先生、6年生がグラウンドで、集団下校するのを待っていますよ！」

教室で同じメンバーで「さようなら」したはずだ。それなのに、集団下校するために待っている。ちょっと滑稽な話だと感じた。

集団下校の前には、「集団下校の会」が行われる。教師から、簡単な連絡をする時もある。連絡がなければ、みんなで「さようなら」をする。

ある日、初任の教師が、子どもたちの前で話した。

「○○さんの傘がなくなりました。持っているのが自分の傘かどうか? 確認してください」

素直な子どもたちである。自分の傘かどうか？確認してあげている。

「これ、俺の傘だよね。名前書いてるから、見て。間違いないよね」

こんなおしゃべりをする子もいた。そして、会全体がザワザワとした雰囲気になった。

それでも、傘は出てこない。5分程度が過ぎた頃、やっと初任者が口を開いた。

「ご協力、ありがとうございました。傘は見つからず残念でしたが、もし見つけたら教えてくださいね」

こんな言葉で、やっと初任者の話が終わった。

これ、初任者や若手教師が陥りやすいミスである。こうやって、ザワザワした時間が続く。そして、クラスは、荒れていく。ザワザワ空気は、学級崩壊に直結するのだ。

私なら、どうしたか？1分以内に、話を終わらせている。

「〇〇ちゃんの傘がなくなりました。間違えて〇〇ちゃんの傘を持っていないか？確認してもらいます」

まずは、大まかに、何をしてもらうのか話す。そして、

「全員、起立！」

と言う。全員が立ったのを確認して、

「○○ちゃんの傘は、黄色です。黄色の傘以外の人は、座りなさい」

と言う。そして、立っている子に、

「隣の人に、自分の名前が書いてあるのを確認してもらったら、座りなさい」

と言う。

ポイントは、2つ。1つ目は、「全員、起立!」で、全員を参加させていること。38〜39ページで紹介した技術だ。これで、抜けなく、全員の傘をチェックできる。

そして、2つ目。それが、ここで取り上げている技術。「終わったら、どうするか?」を、明示する指示を出す」ということだ。

傘の色の違う子は、座る。自分の名前を書いている子は、座る。このように「終わったら、どうするか?」を明示する。そうすれば、誰がチェックが終わって、誰が終わっていないのかが分かる。全員が座れば、チェック完了の合図である。

技術って、こういう些細なこと。ちょっとしたことなのである。

しかし、こういう些細な技術の積み重ねで、授業はできている。そして、些細な技術の違いが積み重なって、授業が面白くも、つまらなくもなる。教室が落ち着きもすれば、荒れもする。こういう些細な技術こそ、宝。大切にすべきである。

挙手指名は最悪の愚策、即刻廃止！

次に紹介するのは、私が、授業で一番大切にしている技術である。それは、

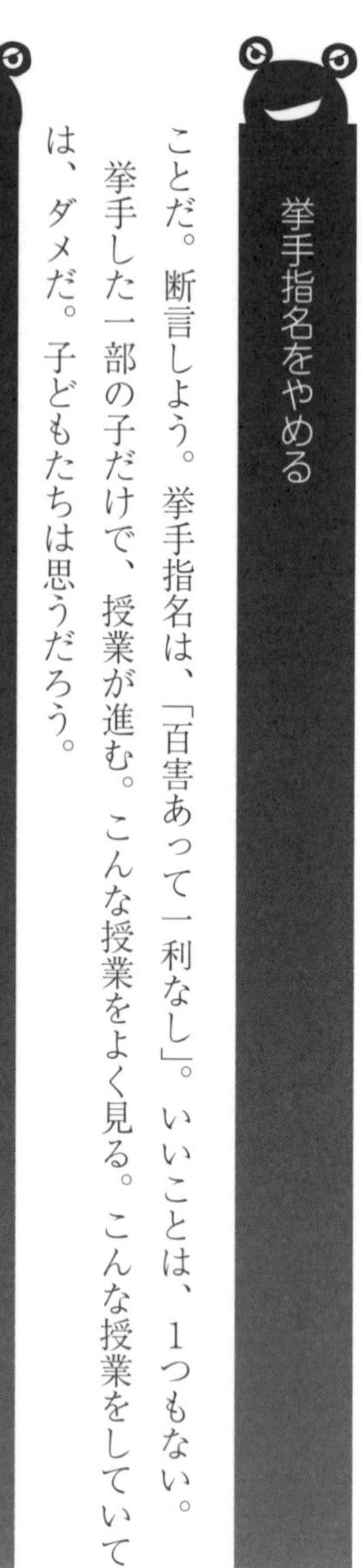

ことだ。断言しよう。挙手指名は、「百害あって一利なし」。いいことは、1つもない。挙手した一部の子だけで、授業が進む。こんな授業をよく見る。こんな授業をしていては、ダメだ。子どもたちは思うだろう。

そして、傍観者になっていく。授業に参加しなくなっていく。

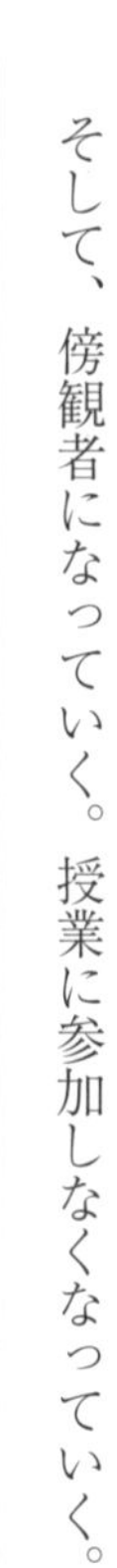
挙手指名をすることは、「子どもたちに授業に参加しなくていいよ」と教えているのと同じである。

のと同じである。まさに、ヒドゥン・カリキュラム（隠れたカリキュラム）になってしまっている。本当に、恐ろしいことだ。

言うまでもなく、授業は、クラスの子どもたち全員に、力をつけるためにある。授業には、全員を確実に参加させないといけない。

だから、私は、挙手指名をしない。では、どうするか？

発問したら、全員に書かせる。そして、列指名で発言させる。

これに尽きる。私は、この技術を国語科教育の大家、授業名人・野口芳宏氏から学んだ（野口芳宏著『授業で鍛える』明治図書）。

発問したら、まずは絶対に、全員に書かせなければならない。

そのためには、49ページで紹介したように「選択肢を設ける」技術が有効だ。たとえば、「正しいと思ったら○。間違っていると思ったら×をノートに書きなさい。その理由も短くずばりと書きます。時間は、1分」と、指示する。

「短くずばり」と書かせるのも、野口氏から学んだ技術である。「短くずばり」くり返し書かせる。すると、子どもたちは、どんどん書けるようになっていく。また、こういう小さな活動を入れることで、子どもたちは、授業に、集中する。授業に、飽きにくくなる。

「○分で書きなさい」と、時間を明示することも技術である。「短くずばり」なら「1分」にする。じっくり書かせたければ、「3分」。これ以上は、ない。長く時間を取っても、だらだらと書くだけだ。

指定した時間がくれば、列指名で発表させる。前述したように、私のクラスには、出席番号を書いた「割り箸クジ」がある。引いたクジの出席番号の子がいる列に発表させる。子どもたちは、抵抗なく発表できる。ノートに書いた意見が、そのままスピーチ原稿になっているからだ。子どもたちは、ノートに書いてあることを、そのまま読めばいい。

まあ、発表もくり返し、どんどんさせるといい。やはり、慣れは大切だ。そして、発表するのが「当たり前」にしてしまう。

発問されたら、書くのが「当たり前」。列指名で当たったら、発表するのが「当たり前」。

我々教師の仕事は、「当たり前」を増やしていくことだと、つくづく思う。

ちなみに、列指名でなく、意図的指名にする時もある。つまり、

発問したら、全員に書かせる。そして、教師が意見を把握し、意図的指名で発言させる

という方法だ。授業をきれいに盛り上げたい時、私は、意図的指名を選択する。

発問したら、教師は机間巡視する。そして、誰がどんな意見を書いているのか?子どもたち一人一人の意見を全て見て回る。そして、発表させる順番を考える。

54ページにも書いたが、演出は順番である。最初は、誰でも思いつくような普通の意見。次に、不正解だが、発想が面白い意見。最後に、誰もが驚くようなすごい意見。

教師の「意図」で順番を決める。授業を演出するのは、教師の仕事だ。

いずれにせよ、挙手指名は、最悪の手。最悪の愚策である。絶対に、やめた方がいい。

挙手指名は、「シロウト」の使う技術だと理解しよう。

監視されていると、子どもに恐怖を与えよ

やはり、授業で一番大切なのは、全員を参加させること。「発問→書かせる→列指名」は、全員参加のための基本的な技術である。

基本的なことと、侮ることなかれ。基本こそが、大事。基本こそが、全てである。

ここでも、そんな基本的な技術を紹介しよう。それは、「四分六の構え」である。大西忠治氏（「指導言」を確定した実践家。生徒の自主的な集団づくりに取り組んだ）の名著『授業つくり上達法』（民衆社）から学んだ技術である。

大西氏は、この本で、次のように述べる。

> 私は黒板に向かうとき、完全に黒板にからだを向けきってしまわず四分だけ黒板に、

そして六分は子どもの方へからだを開くようにつとめるのである。つまりからだを斜めにして板書するのである。

黒板の方を完全に向ききって板書する教師をよく見る。これ、荒れた学校では、完全にアウトだな。こんな隙をつくってしまったら、子どもたちは、何をしでかすか分からない。手悪さ、手遊びは、もちろん。おしゃべりをする子がいるだろう。手紙を回す子がいるだろう。物が飛び交うことがあるだろう。

そういえば、崩壊学級での話。教師が黒板に板書する。その時、教師の背中に何かが当たった。見てみると、紙飛行機だ。「誰だ!?」と思い、ふり返ってみる。すると、クラス全員が紙飛行機を投げ終わったポーズをしていた。これでは、誰が犯人か分からない。

この教師は、笑い話にして教えてくれた。しかし、内心は、傷ついていたに違いない。

崩壊学級では、こういう「教師いじめ」が頻発する。そんな子どもたちのために、教師は尽くすべきではない。自分の保身だけを考え、1年間を凌げばいいのだ。学級崩壊については、もっと言いたいことがあるぞ。『策略―ブラック学級崩壊サバイバル術』、ぜひ、読んでほしい。

さて、「四分六の構え」に話を戻そう。実際に「からだを斜めにして板書する」のには、かなりの技術が必要だ。私も訓練したが、なんとか「五分五」。下手をすると、「六分四」。どうしても、体が、黒板の方に向いてしまう。

ベテランの私でさえ、そうなのだ。若手教師には、もっと難しいと思う。

そこで、「四分六」の精神だ。意識と言ってもいい。

板書する時も、黒板に集中してはダメ。
常に、半分以上は、子どもたちを意識しよう。

この程度の技術なら、若手教師にもできるのではないか。事実、大西忠治氏も、

> 黒板の板書への注意力は四分、子どもへの注意力は六分にするということ

と、言い換えている。

いずれにせよ、子どもをフリーにしてはいけない。常に教師に見られていると、意識させる必要がある。もちろん、そのためには、教師の技術が必要だ。

なめ回すように子どもを見よ

「四分六の構え」を引用するために、前掲書『授業つくり上達法』を読み直した。まさしく、名著。今思いついて、調べてみた。Amazonで中古で買えるぞ。しかも、256円！35年以上前の本かあ。いつ買えなくなるか、分からない。手に入るうちに、ぜひ読んでほしい。まさに、教師に必要な技術が詰まった本だ。

ちなみに、この本の編集者は、山崎宏氏。私は、若い頃、山崎氏にお会いしたことがある。憧れの編集者からお聞きした、大西氏とこの本の裏話は忘れられない。

この名著から、もう1つだけ技術を紹介する。大西氏の次の言葉である。

> 授業中、子どもの方へ顔を向けているかどうかで、教師のプロとしての腕が分かる

「子どもの方へ顔を向けて」授業するのなんか、当たり前だと思うなかれ。私が若手教師の授業を見て、一番気になる点だからだ。

多くの教師が、子どもを見ていない。たとえば、一斉音読をしている時に、声を出していない子がいる。それなのに、教師は、スルー。子どもを見ていない証拠である。

確かに、「子どもの方へ顔を向けて」はいるのかも知れない。でも、「顔を向けて」いるだけで、子どもを見ているとは言えない。

先ほどの「四分六の構え」と同じである。大切なのは「顔を向けて」という形ではない。実際に、子どもを見ているか？子どもが見えているか？なのだ。

昔、当時学生だった宮川幸輔氏が中村健一をテーマに卒論を書いてくれた。宮川氏は、私の教室に1日張り付いて見学した。いろいろな気づきを教えてくれ、私も勉強になった。

そんな彼の気づきの中で、私が一番印象に残っているのが、次の言葉だ。

> 中村先生は、指示を出した後に、子どもたちをジッと見ています。
> 全員の顔を2回ずつ、教室全体を2回ぐるっと見回しています。

確かに、そうだろう。私は、指示を出した後、子どもたちを見る。全員が指示されたことをしているかどうか？監視しているのだ。

そして、指示されたことをしていない子がいれば、言う。

「サボるな！サボると、絶対に賢くなれない！」

時に、全体に。時に、名前を呼んで、個人に。まあ、この辺りの選択は、いろいろな要因で変わる。たとえば、うるさい保護者の子なら、個人の名前は絶対に出さない。

大昔に読んだ大村はま氏（一言で説明できない。とにかくすごい人）の本に「子どもたちは授業中、何度も先生と目が合った。だから、先生は私のために授業をしてくれている、と思っていた」みたいな記述があったと記憶している。私のクラスの子も、大村はま氏のクラスの子と同じである。「何度も先生と目が合う」と思っているはずだ。

しかし、同じ目が合うのでも、大村はま氏が子どもに与えたのは、安心感。私が子どもに与えているのは、監視されているという、恐怖である。

この辺りの違いが私の課題かなあと思う、今日この頃です。

ハッタリをかましてでも、監視されていると思わせろ

子どもを見ることの大切さを書いた。なぜ、大切なのか？ やっぱ、授業に全員を参加させるためなんだよな。

全員参加の保障。私は、とことん、そこにこだわっている。

子どもを見るのは、「フォロー」のためだ

と、言い換えてもいいかも知れない。

教師が指示する。これが「フリ」。

子どもたちが指示通りに動く。これが「オチ」。この「オチ」を確実にしているかどう

か？見えないと、「フォロー」ができないからだ。

子どもたちをしっかり見る。がんばって「オチ」をしている子がいれば、褒める。がんばらない子、サボる子がいれば、叱る。これが、「フォロー」。

「フリ」「オチ」「フォロー」を確実にくり返す。そして、がんばること、サボらないことを「当たり前」にしていく。

私がやっていることは、実にシンプルだ。しかし、シンプルこそ大切だ。

いや、シンプルだけではないな。時に、変化球も使う。たとえば、高学年のクラスで一斉音読をしていて、声を出していない子を見つけた時だ。

男子が1人、女子が1人、声を出していなかったとしよう。そんな時、私は、

「○○（男子の名前）、サボるな！サボると絶対に賢くなれない！」

と、厳しく言う。すると、声を出していなかった女子も、ハッとして一斉音読に参加する。

高学年女子は、みんなの前で叱るとアウトだ。だから、私は、男子を叱る。そして、女子も、サボらせない。これも、ちょっとした技術である。

声を出していない子を3人見つけたら、
「5人も声を出していない。サボるな！サボると絶対に賢くなれない！」
と言う。5人なら、
「7人も声を出していない。サボるな！サボると絶対に賢くなれない！」
と言う。

私は、子どもをよく見ていると、自慢した。しかし、本当のところは、怪しい。私に気づかれないようにサボる、強者もいるからだ。

そこで、「3人」なら「5人」と言う。「5人」なら「7人」と言う。つまり、ウソ。ハッタリである。

子どもたちに、先生は見ている、見られていると思わせるのが目的である。そう思わせられるのなら、人数は、ウソ、ハッタリでも構わない。

こういうズルい技術も、若手教師は、身につけるべきである。いつも直球勝負ばかりでは、上手くいかない時もあるのだ。逃げの変化球の技術も、身につけよう。

空白の時間は、崩壊へ続く道…

学習指導要領に「主体的・対話的で深い学び」とある。簡単に言えば、子どもたちに考えさせる授業をしろということ。いや、簡単に言いすぎか。

私は、「アクティブ・ラーニング」と言われていた時から、ずっと反対し続けている。こんな高尚な実践は、落ち着いた優秀な学校ですればいい。困難校で、こんな高尚な実践は、通用しない。いや、通用しないどころではない。間違いなく、荒れを招く。

荒れた学校、学級で、考える時間を与えたとする。すると、

子どもたちは与えられた時間で、何を考えるか分からない。

考えるだけではないな。そんな隙を与えてしまったら、子どもたちは、何をしでかすか分からない。

おしゃべりをする。立ち歩きをする。ケンカさえ始まるだろう。物を投げ合うかも知れない。教師に、物を投げつけるかも知れない。

困難校の子どもたちの行動は、本当に予測不能である。

これが、荒れた学校で生き続けた教師の実感だ。

そんな私は、困難校で、どうしているか？

子どもたちに、考える隙を与えない

ようにしている。具体的な技術としては、子どもたちを次々に動かすことだ。

「短くずばりと書く」活動を、細かく入れる。「10秒で隣の人と相談する」活動もよくする。「一斉音読」「かけ合い」「返事」「くり返し」「声出し」「立つ」「座る」「指さす」「10

回言う」などなど。動きのある活動も、どんどん入れる。

そうすれば、子どもたちが退屈する時間はない。余計なことを考える時間もない。余計なことをする時間もない。こうやって、授業を成り立たせていく。

困難校でなくても、同じである。子どもたちが何をしていいのか分からない「空白の時間」は、つくらない方がいい。

よくあるのが、初任者の失敗だ。初任者の授業には、「空白の時間」が多い。子どもたちが、おしゃべりを始める。立ち歩きを始める。そして、授業が荒れていく。

子どもが作業するスピードには、どうしても差がある。早く終わった子に「空白の時間」が生まれがちだ。そこで、早く終わった子に、何をするのか？明示する必要がある。

一番手っ取り早いのが、「先生になる」という方法だ。早く終わった子は、先生になって、まだできていない子に教える。「プチ学び合い」と言ってもいい。

「勝利の読書」をさせるのも、手っ取り早い。そのために、机の中に、常に1冊本を入れておかせる。そして、「終わったら、読書」と、約束をつくっておくといい。

いずれにせよ、何をするのか？常に、子どもたちに明示しよう。「空白の時間」は、荒れにつながる。「空白の時間」をつくらない技術を身につけよう。

時間は、命。命を奪うことは許されない！

教師は、年間1000時間を超える授業をしている。その1000時間、私がずっと守っていることがある。それは、

授業の最初と最後の時刻は、必ず守る。特に、授業の最後は、1～2分早く終わる。

これを1000時間、ずっと守っている。これは、私のこだわりであり、自慢だ。特に、終了時刻には、こだわっている。試しに、私のクラスに来て、

「中村先生は、授業の終わりを延ばすことがある？」

と、聞いてみればいい。子どもたちは、間違いなく「絶対ない！」と言うはずだ。

そうそう、講座だってそう。中村は、講座の終了時刻を守っていますよね。

私だって、神様ではない。年に一、二度は、授業の終了時刻が、キリの悪いところにな
ってしまうこともある。そんな時、私はどうするか？

「キリは悪いけど、チャイムが鳴りそうだから、終わるね」

と、宣言する。そして、授業をやめてしまう。どんなにキリが悪くても、だ。

我々教師は、子どもたちに「時間を守れ」と言っている。特に、私は、時間にうるさい。

それなのに、教師が時間を守らないなんて、あり得ない。信用問題だ。

それに、子どもたちは休み時間が大好き。休み時間以上に授業が好きなんてあり得ない。

それなのに、大好きな休み時間に入っても授業していたら……子どもたちは、どうせ聞
いていない。聞いていないのに、授業を続けても、無駄である。まずは、

教師が、授業の終了時刻を絶対に守る

という意識をもつことが必要だろう。強い信念と言ってもいいな。

終了時刻を守るための技術は、いろいろある。しかし、まず、してほしいのが、

時計を見る。授業中、何度も時計を見る。終了時刻が近づいたら、もっと時計を見る。

そんな簡単なこと?と、驚かれたかも知れない。しかし、これが、意外にできていない。時計を見ない教師は、多いのだ。研究授業で、終了時刻を延ばす教師がいるだろう。彼ら彼女らを観察してごらん。時計に目が行っていないことが分かるはずだ。

まずは、意識して、技術として、時計を見よう。時計を見ない教師に、時間が守れるわけがない。もちろん、時計を見るだけでは、不十分。時計を見たら、

残り時間を意識する。そして、残り時間で何ができるか?逆算して考える。

『策略―ブラック仕事術』で、仕事術について書いたのと同じ。逆算できるようになると強い。

特に、授業では、残り5分を切ってからが勝負である。5分でできることは、多くはない。何ができるのか?逆算し、厳選して考えなければならない。

勉強ができない子にも、「得」をさせよ

授業にクラス全員を確実に参加させる。これを実現するためには、教師の技術が必要だ。逆に言えば、教師に技術があれば、クラス全員を授業に参加させることができる。子どもたちは、絶対にサボることは、許されない。

参加した以上は、子どもたちに「得」をさせないといけない。授業に参加して良かったと思わせなければならない。

子どもたちが一番「得」したと感じるのは、授業の内容が分かった時だろう。できるようになった時だろう。つまり、授業を受けて自分が成長した、と思えればいい。野口芳宏氏の言う「向上的変容」が自覚できれば、子どもたちは授業に参加して良かったと思う。

しかし、話は、そう簡単ではない。授業の内容が分からない。できるようにならない。

そんな子が、現実の教室には存在する。

授業は、もともとつまらないものだ。子どもの心をもち続けている53歳の私は、心からそう思う。さらに、分からない子、できない子にとって、授業は苦痛でしかない。

勉強が苦手な子も、授業に参加して良かったと思わせるのが、プロである。プロは、

勉強が苦手な子も、授業に参加して良かったと思えるようにする技術をもっている。勉強が苦手な子にも光を当てる技術、と言ってもよい。


たとえば、算数の文章問題である。算数の文章問題は、難しい。苦手に感じている子も多い。正解できるのは、クラスでも少数。そんな超難問もある。

だから私は、算数の文章問題を解く時には、次のようにする。まずは、制限時間を与えて、文章問題を解かせる。そして、制限時間がきたら、次のように言う。

「全員、起立！この問題に、クラスの何人が正解していると思いますか？正解者の人数の予想を、隣の人に言ったら、座りなさい」

子どもたちは、口々に予想人数を言って座る。

私は、文章問題の解き方を説明し、正解を告げる。そして、言う。

「この問題に正解した人、起立！よくこんな難しい問題が分かったね！すごい！立っている天才たちに、拍手～！」

こうやって、頭の良い子たちも、褒める。頭の良い子たちにも、当然、光を当てるのだ。褒められた勉強のできる子たちは、得意顔。当然、授業を受けて良かった！と思っている。

ここからが、プロの技術。正解者の数を数える。そして、正解者を座らせる。

「この問題に正解したのは、……8人でした。8人を予想した人、威張って起立！」

予想が当たった子は、嬉しそうに立つ。周りからも、「すご～！」という声がかかる。

「先生、正解者がこんなに少ないとは思わなかった。それなのに、正解者の人数を当てているから、すごいよね！立っているすごい人たちに、拍手～！」

「すごい！」と言われ、立っている子は得意顔。文章問題の正解者と同様だ。いや、予想が当たった子は、わずかに2人。文章問題の正解者以上に得意顔かも知れない。

この子たちは、「授業を受けて良かった！」と思ってくれたはず。

勉強ができる子にも、できない子にも、光を当てるのがプロの技術だ。光を当てるために、こういうシステム、仕組みをつくる技術をもつ教師でありたい。

ちょっとしたゲームをして、勉強ができない子に光を当てる方法もある。ゲームには、誰でも勝てる可能性のある、偶発性の高いものが多いからだ。

たとえば、「オープン・ザ・〇ページ」。私は、授業の最初に行うことが多い。授業の最初に、日付と学習するページを書く。まだ、教科書は閉じたままである。その後、クラス全員が目を閉じる。そして、教師が、

「今日勉強するページは、〇ページ。目を閉じたまま、〇ページを開くよ。〇ページ、オープン。パッ！パッ！」

と言う。「パッ！」に合わせて、子どもたちは教科書をパッと開く。パラパラめくらない。一気にパッと開く。見事に、そのページを開いた子が、優勝である。

これ、子どもたちに人気のゲームだ。シンプルだし、授業の最初にくり返し使える。そして何より、勉強ができる子にも、できない子にも、平等に優勝のチャンスがある。

「班対抗・5音限定しりとり」もいいな。これ、悪友・俵原正仁氏も、大絶賛のゲーム。日頃、口数が少なくても、5音の言葉を思いついた子は、言いたくなる。日頃、目立たない子が「〇〇、ありがとう！」と言われ、班の救世主になる。

えっ!?詳しいルールは!?……って。紙幅がなくなった。俺の本を探してみて。

ズルしてでも、良い点を取らせれば、勝ち

有名な実践家が、威張って書いていた。「私のクラスでは、テストの平均が95点を超えています」と。1人ではない。私が今、思い出すだけでも、何人もいるな。

実は、「テストの平均が95点」なんて、難しいことではない。そんな威張って書くようなことではないのだ。事実、私のクラスでも、95点を超えることが多い。その理由は、簡単。95点を超えるために、あの手この手を尽くしているからだ。

私は、テストの点にこだわっている。それは、

保護者は、テストの点しか分からない。
保護者の信頼を勝ち得るためには、テストで良い点を取らせるのが一番だ。

と、考えているからだ。さらに、私は、腹黒く、次のように考えている。

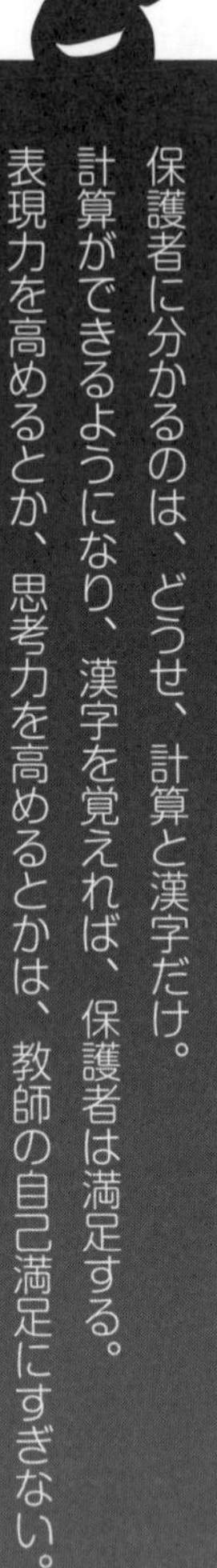
保護者に分かるのは、どうせ、計算と漢字だけ。
計算ができるようになり、漢字を覚えれば、保護者は満足する。
表現力を高めるとか、思考力を高めるとかは、教師の自己満足にすぎない。

保護者に分かるのは、計算ができているか？漢字を覚えているか？だけである。そして、何よりも、テストの点。テストの点が良ければ、保護者は安心する。

教師の授業の良し悪しは、保護者には分からない。テストの点が良ければ、良い授業をしていると思う。悪ければ、悪い授業をしていると思う。テストの点さえを良くすれば、保護者は、その教師の授業は良いと判断するのだ。

ちなみに、テストの点が良いと、子どもたちも喜ぶ。子どもたちも、この先生は授業が、上手い、と思うようになる。また、授業が好きになる。子どもたちの意欲を高めるためにも、テストの点を良くすることは、大切な「策略」なのである。

では、テストで良い点を取らせるために、どうするか？それが、技術である。まずは、

新しい単元に入る前に、テストを見ておく。
そして、このテストで良い点を取らせるためには、どうするか?作戦を立てるのだ。

たとえば、5年生の社会科。覚えないといけない平野、川、山地などは多い。そこで、毎時間、授業の最初に5問テストをする。その時に、テストに出ている「濃尾平野」と「飛騨山脈」は、必ず入れる。

たとえば、6年生の算数。分数÷分数のテストに、数字を3つ使った難しい文章問題が出ている。そこで、3つの数字が出る問題の攻略法を教える（ここでは、詳しく紹介できない。出てきた数字を整理して書き、「1」と「?」の位置が同じ、簡単な似た問題をつくらせる）。そして、毎時間、授業の最初に、数字を変えただけの同じ問題をくり返しする。

こんな「お稽古」をする。これも、技術。こんな技術を使えば、95点なんて楽勝だ。

さらに、次のような、ズルい技術も使う。

テストの時、多くの子どもたちが間違えそうな問題だけ、見て回る。間違えている子には、指さして、「この問題、もう1回考えてごらん」と言う。

答えを教えているわけではない。誤答を指さしているだけだ。

全国学力テストが始まった頃のこと。間違った答えを指さして教え、問題になった校長がいたと記憶している。これは、彼から学んだ技術である。

さすがに、全国学力テストだと、まずい。でも、教室で行われる普通のテストなら、セーフでは。これをアウトだと言うなら、どうだ!?全国学力テストの過去問をやって、お稽古するのはセーフなのか？はなはだ疑問である。

いずれにせよ、新しい単元に入る前に、テストを見ておく。そして、そのテストで良い点を取るための授業をする。子どもたちが間違えそうな問題は、くり返しお稽古しておく。さらに、多くの子が間違えそうな問題は、テスト中にチェックする。

こんな技術を駆使して、テストで良い点を取らせよう。ズルい技術だが、保護者の信頼を勝ち得ることができる。子どもの信頼も勝ち得ることができる。さらに、子どもたちが授業に意欲的になる。

ズルい技術も、使ったもん勝ち。結果を出せば勝ちである。常に正義が勝つとは限らない。

ネタが良ければ、技術はいらない

「材料七分に腕三分」、料理の世界にある言葉だ。

たとえば、ものすごく上等の大トロを仕入れたとしよう。どんな料理をしようが、そこそこは、おいしいはず。いや、そこそこではない。きっと、ものすごくおいしいはず。

料理は、やはり「材料」が大切。「腕」は、二の次なのだ。

教育界にこの言葉を広めたのは、有田和正氏。107ページで「一時間で一回も笑いのない授業をした教師は、ただちに逮捕する」という名言を紹介させていただいた方だ。

驚いたことに、最近、有田氏を知らない教師が増えている。そこで、一応、解説する。

有田氏は、日本で一番有名な社会科の大実践家。多くの面白教材を開発し、世に残した。

有田氏の授業に興味のある方は、古川光弘著『有田和正に学ぶ発問・授業づくり』（黎明書房）を読んでほしい。古川氏は、膨大な有田氏の実践を的確にまとめている。

さて、有田氏が教育界に広めた「材料七分に腕三分」という言葉。これは、

授業は、「教材」が大切。教師の「技術」は、二の次なのだ。

ということ。おお！いきなり本書のコンセプト「技術」の否定。私は全く、節操がないな。

ただ、有田氏が開発してきた面白教材を追試するには、実は「技術」が必要である。

「技術」も「三分」は、いるということだ。

しかし、「教材」でなく「ネタ」なら、「技術」はいらない。

「ネタ」十分に「技術」0分

と言ってよい。若手教師は「技術」をもっていない。さらに、大学を出たての新任教師は、

「シロウト」。プロの「技術」をもっていないし、使いこなせるわけもないのだ。

だから、たくさんの「ネタ」をもっておくとよい。

たとえば、子どもたちに地図の「東と西」を教える時。子どもたちは、北と南はすぐ覚える。しかし、東と西は、間違える子が多い。そこで、

「『北』という漢字を見てごらん。右はカタカナの『ヒ』でしょ。だから右が東なんだよ」

と教える。本当に、些細なことだ。しかし、このネタで確実に、東と西を覚えられる。

実は、このネタ。私が開発したものではない。ミニネタ帝王・土作彰氏が開発されたものだ。

ネタは、開発する必要はない。本でよくできたネタを手に入れて、使えばいい。

開発には、時間も労力もかかる。コスパが非常に悪い。

子どもたちには、誰が開発したネタかなんて、関係ない。楽しいネタ、勉強になるネタを子どもたちは歓迎する。そして、たくさんネタを知っている教師を尊敬する。

開発せず、真似することは、コスパが非常に良いのだ。

土作氏や中村のネタ本をたくさん読もう。そして、ネタをたくさんゲットしよう。そして、教室で、ネタをたくさんやってみよう。

技術のなさは、ネタ数で、カバーできる。さあ、本屋さんに走るのだ。

第4章

おまけ「最後の捨てゼリフ」

失敗談をでっち上げれば、若手も素直に耳を貸す

2023年の夏休み。セミナーが再開した。で、呑み会も再開した。セミナーは、楽しい！それ以上に呑み会は、すっごく楽しい！

久しぶりに、逢いたかった人に逢えた。思いっきり語り合った。最高に楽しかった！

若手教師たちとも、久しぶりに語り合った。彼ら彼女らと話すと、刺激を受ける。お陰で、興奮状態になれる。10歳は、若返った気分だ。ということで、今、43歳。

特に、ある若手教師の話が面白かった。いや、彼は、生徒指導主任。若手ではなく、中堅と言っていいのかな。

彼は、同僚向けに「生徒指導通信」を発行していた。しかも、その内容が面白い。通信は、自分の失敗談がベースになっている。そして、その失敗の理由を分析し、生徒指導の

ノウハウを説く。

これ、すっごくいい！と思った。これなら「上から目線」にならない。「生徒指導主任の自分だって失敗するんだよ」と同僚と同じ目線に立っている。その上で「こうしたら良かった」と自分の反省を書く。他人に押しつけるのではない。あくまで自分の反省である。この若手、いや、中堅、なかなかの策士だよな。非常に『ブラック』の臭いを感じる。

私も、生徒指導主任である。同僚に生徒指導のノウハウを教えたくなることもある。しかし、私は気が弱い男だ。みんなから、好かれたい。いや、嫌われたくない！だから、

私は、基本的に教えない。聞かれたことは、教える。しかし、自分からでしゃばって、意見することはない。

私は、30年以上教師として生きてきた。ここ20年以上、同僚とぶつかることもなく生きてきた。そんな私は職場で嫌われないための「策略」として、でしゃばることはない。

でも、もう少し親切になろうかな。少しだけ生徒指導のノウハウを、同僚の若手教師たちに遺そうかな。そんな気になったら、彼の「策略」が使える。

若手教師にノウハウを伝える時は、自分の失敗談をもとに話す。

そうすれば、職場で嫌われる確率は、下がりそうだ。

もちろん、若手に伝えたいノウハウに合う失敗談がない時もあるだろう。そんな時は、

失敗談をでっち上げても構わない。
他人がしたことを、聞いたことを、自分の失敗談のように話せばいい。

ウソでもいい。若手教師が素直に聞いてくれれば、目的達成である。苦しかった過去を思い出すように、辛い顔をして話せば、若手教師も疑うまい。涙の1つも流せば、完璧だ。

目的が達成できるなら、平気でウソをつく。それができるのが、プロである。

生徒指導に限らない。学級づくり、授業づくり、様々なノウハウを失敗談とともに語ろう。

保護者には、負けておけ

続けて、同じ若手教師の話。彼には、刺激を受けたなあ。お陰で、8ページも『ブラック』を埋めることができた。今度、おごるね。

呑み会で聞いた「生徒指導通信」の話。その中でも、紹介されている失敗談の1つが面白かった。少々長くなるが、彼の許可を得て紹介する。

❖　❖　❖　❖　❖

低学年を担任した時のこと。ある男子が「ノートがない」と訴えてきた。低学年ではよくある話。そこで、彼は「まずは自分で探してみな」と声をかけた。その後、その男子からの訴えはなかった。

その2日後、男子の机の中を見てみると、ノートがあった。そこで、保護者に電話。

「本人がノートがあるかどうか?きちんと確認をしていなかった」という前提で話をした。保護者も、納得した様子だった。

次の日。保護者から連絡帳。「本人はしっかり確認したと言っている。後で誰かが入れたのではないか」との訴え。彼は、自分の見解を連絡帳に書き、電話もした。

さらに翌日、「先生に信じてもらえなかった」との連絡帳。彼と教頭で家庭訪問をして、謝罪した。

見事な失敗っぷり(笑)である。この失敗談から、若手に伝えられることは多そうだ。

彼の分析は、次の3つ。

①　その日のうちに、担任自身の目で確認することを怠った。
②　子どもへの確認が取れていないままに電話をした。
③　家庭訪問の遅さ。

どれも、納得の3つである。もちろん、他にも、いくつも失敗がある。それでも、3つに絞ったのは、正解だ。多すぎては、伝わらない。

しかし、一番の大きな失敗が抜けているのは、いただけない。彼は、①〜③以上に大きな失敗をしてしまっている。それは、

保護者の信じる事実を認めていないこと

だ。保護者は、自分の子が机の中を確実に確認した、と信じている。しかし、彼は、机の中にノートがあったという事実をもとに、保護者の言ったことを否定してしまっている。

誰だって、自分の言ったことを否定されれば、腹が立つものだ。また、自分の子の言い分が否定されれば、腹が立つものだ。

特に、最近の保護者は、この傾向が強い。自分の、そして、我が子の言ったことを否定されると、ムキになって逆上する。愛する我が子を、盲目的に信じているのだ。

彼の失敗談では、「2日後」に確認したことになっている。そうであれば、保護者の言うように「後で誰かが入れた」可能性も否定できない。

この事例のように、曖昧な場合だけでない。確実に事実が確認できた時も、同じだ。揺

るがぬ証拠をもとに、子どもの言い分を否定する教師は多い。

もちろん、子ども相手なら、ＯＫだ。揺るがぬ事実を突きつけ、子どもにウソを認めさせる。教育上、必要なことである。

しかし、保護者相手なら、別の話になる。事実を突きつけることは、

「あなたのお子さんは、ウソつきですよ」と、言っているのと同じだ

ということを理解した方がいい。それなのに、鬼の首を取ったように、保護者に事実を伝える教師がいる。「あなたのお子さんは、ウソをついていましたよ」とハッキリ言う教師さえいる。非常にリスキーな行為だ。私は、絶対にしない。では、私なら、どうするか？

伝える必要のない事実なら、伝えない。
伝える必要のある事実なら、「勘違いしたのかも知れませんね」などと、誤魔化す。

とにかく「子どもをウソつき扱いしている」ような印象を与えないように気をつける。

保護者の怒りのベクトルが、子どもに向かった時も同じである。「悪気はなかったんですけど、つい」とか「話しているうちに、どれが事実か分からなくなることが、子どもにはよくあることで」とか。子どもを擁護して、誤魔化すことに専念する。

いずれにせよ、保護者とどれが事実か、なんてことで争うことがないようにする。これが、私の生きる道だ。

私は、常に、次のことを意識している。若手にも、意識してほしい。

教師は、保護者に勝っては、絶対にダメなのだ。

負けた保護者は、面白く思わない。次の機会を狙って、あなたを攻撃するに決まっている。最近の保護者は、本当に、好戦的である。

「負けるが勝ち」ということわざがある。保護者に対応する時には、このことわざがピッタリと当てはまる。

保護者に対応する時は、勝ちたい思いを押し殺そう。保護者を言い負かせるなんて、最悪の愚策である。保護者に勝っても、良いことは何もない。

与えられた条件で、満足して生きよ

今年度から、全校児童が150人に満たない小さな学校に転勤した。私が30年間勤めてきたのは、大規模校。こんな小さな学校で働いたことがなかった。そこで、様々なカルチャーショックを受けている。

小規模校には、大規模校では考えられないようなローカルルールが多く存在する。

まあ、一番驚いたのは、学校が組織として機能していないこと。何をするのか、はっきりしない。誰が担当なのか、はっきりしない。それを明記する文書も、存在しない。

だから、思いついた人が、思いついたように動く。文書になくても、去年のことを知っている人が動く。組織としては、無秩序状態だ。

しかし、それで学校が上手く回っているのだから、問題はない。

私が今までのやり方を捨て、この状態に慣れてしまえば、済む話である。

このように考えるのは、私が、常々、

与えられた条件でがんばる

ことを信条にしているからだ。

争うことが嫌いな私が、学校現場で生きていく術である。私は、条件を変えるために戦わない。黙って、与えられた条件に従うだけだ。

争わないためだけではないな。私には、こだわりがない。私のように、

いろいろなこだわりを捨てると、楽に、働ける。楽に、生きることができる。

ぜひ、読者にも真似してほしい。

たとえば、図工の教材選びである。私は、基本、前年度、同じ学年が使った教材を頼ん

でいる。教材屋さんに、

「去年のままで、いいんですか？」

と聞かれれば、私は、次のように答える。

「与えられた条件で、がんばります」

教材屋さんに、「こっちの方がいいですよ」と勧められることがある。勧められれば、その教材にする。

『策略―ブラック仕事術』にも書いたが、4月最初の教材選びも同じである。

4月の最初、テスト、ドリル、ノートなど、どれを使うか決めないといけない。私は、この仕事が、だ～い嫌い！だって、面倒くさいんだもん。

教材のプロたちが、一生懸命作ったものである。どのテストも、どのドリルも、そんなに差はない。少なくとも、私には、同じに見える。

だから、私は、基本的に、その学年の前の担任が選んだ教材を、そのまま使う。そして、去年の発注書を、そのまま送ってしまう。修正するのは、担任名と人数ぐらいだな。

こうやって教材選びをすれば、楽できる。忙しい4月当初に、大きく時短できる。

「与えられた条件で、がんばります」。この精神で、仕事を、人生を、楽に乗り切ろう。

子どもを鍛え育てない修学旅行は、行かない方がマシ

第1章に、小規模校で初めて行った修学旅行の話を書いた。近くの小学校と連合で行った修学旅行だ。

5校の連合である。それでも、子どもたちは、50人程度。1桁の学校が3つもあるのだから、無理もない。それに対して、教師は10人。

単純計算で、1人の教師が5人の子どもたちを見ればよい。子どもたちが落ち着いていることもあり、こんなに楽な修学旅行は初めてだった。

内緒だが、朝風呂にも入った。私は、10回以上修学旅行に行っている。しかし、こんなことは、初めてだ。

修学旅行中の子どもたちへの説明や指示などは、各校の教師が分担して担当した。

たとえば、私の担当は、「結団式」「交流会」「解団式」の３つだけ。初めての参加だったので、かなり配慮してもらったのだと思う。

それ以外は、他の学校の教師の担当だ。当たり前だが、全員が６年生担任。小規模校といえども、６年生を任されるからには、力をもった教師ばかりだった。

今までの修学旅行では、私が、全て仕切ってきた。だから、他の教師の修学旅行の指導を見たことがない。それはそれで、新鮮だった。

しかし、私とは、はっきりと方法が違った。それは、

修学旅行という行事を通して、子どもを鍛え育てようという発想がない

からだ。

私は、行事が大好き。いや、正確には、行事を通して、子どもたちを成長させるのが好きだ。

行事は、非日常的。特別感のある行事は、子どもを大きく伸ばす絶好の機会である。事実、私が指導してきた子どもたちは、行事を通して、大きく成長してくれた。

卒業式、入学式など、人のために働く行事は、もちろん大きな成長につながる。

遠足や社会見学、修学旅行も、例外ではない。たくさんの授業時間を使って行くのだ。

親にたくさんのお金を出してもらって行くのだ。

成長して帰ってこなければ、申し訳なさすぎである。

それなのに、ただの遊びだと思っている子が多すぎる。ただの思い出づくりだと思っている子が多すぎる。


遠足は、遊びではない。社会見学は、遊びではない。修学旅行は、遊びではない。


このことを、子どもたちに、しっかりと分からせないといけない。

いや、その前に、教師が分からないといけないな。行事は、ただの遊び、ただの思い出づくりではない。このことを、まずは、教師が理解しよう。

拙著『策略―ブラック運動会・卒業式』には、私の行事指導のエッセンスが全て入っている。ぜひ読んで、行事に対する考え方を、具体的な指導技術、指導言を、学んでほしい。

つまらない教育しかできない日本に未来はない

尊敬する実践家に古川光弘氏がいる。大実践家でありながら、私をとってもかわいがってくださる。大好きな大人の1人である。古川氏が2冊の著書を出された。『有田和正に学ぶユーモアのある学級づくり』『有田和正に学ぶ発問・授業づくり』（黎明書房）だ。

タイトルの通り、教育界の巨星・有田和正氏の実践についてまとめられたものである。古川氏は、この本を書くために、一体何冊、有田氏の本を読んだのだろう？　有田氏の功績が、実に正確に、実に的確に、まとめられた本である。

内容は、これもタイトルの通り。1冊は「学級づくり」について、まとめられている。もう1冊が「授業づくり」について、である。

2冊を読んで、私は、有田氏の「学級づくり」に大きな影響を受けているなと感じた。

私は、教室に「笑い」やユーモアを取り入れている。これは間違いなく有田氏の影響だ。

その一方、「授業づくり」については、たいした影響を受けていない。

古川氏が、教育雑誌『授業力&学級経営力』(明治図書)で「有田式で『追究の鬼を育てる』法則」という特集を担当されたことがある。2015年の11月号だ。この時、私も原稿依頼をいただいた。与えられたテーマは、「有田式『教材開発』のノウハウを習得する」。「教材開発」なんかしたことのない私である。非常に困った覚えがある。

有田氏の学級づくりを一言で言えば、「ユーモア」であろう。このテーマは、悪友・俵原正仁氏たちに依頼されていた。どういうこっちゃ!?私以上に有田氏の「ユーモア」教育を引き継いでいる者はいないはずなのに……。有田氏の授業づくりを一言で言えば、「追究の鬼を育てる」ということか。雑誌の特集テーマにもなっているしね。

最近、古川氏は、講座で、有田実践を紹介することが多い。もちろん、自分の本を売るためだ(笑)。いや、失礼。古川氏は、純粋に、有田実践を後世に残したいと思っている。

それなのに、講座に参加する若手教師は、有田氏を知らない。講座に参加する勉強熱心な教師が、知らないのだ。講座に参加しない普通の教師は、もっと知らないだろう。

そして、初めて有田実践を知った若手教師は、「すごい!」と思う。しかし、同時に

「真似できない」と思う。「真似できない」理由は、もちろん、有田氏の超人的な能力にある。誰も、有田氏のようにはなれない。

しかし、理由は、それだけではない。たとえば、有田氏の授業スタイルである。有田氏の授業の最大の特徴は、「オープンエンド型」である。

子どもたちは、授業の中で「既知」から「未知」へと導かれる。そして、「はてな?」を増やして授業が終わる。そして、子どもたちが自ら調べ始める。「追究の鬼」の誕生だ。

この授業スタイル、若手教師が戸惑うのも、無理はない。今は、「○○市授業スタンダード」と称し、授業の流れを決めている自治体が多い。

その多くの流れの最初が「めあて」を示すことから始まる。そして、授業の中で、「めあて」を達成する。そして、「まとめ」「ふり返り」である。この流れだと、「未知」から「既知」。分からなかったことを分かるようにする。できなかったことをできるようにする。有田氏の「オープンエンド型」とは、真逆の流れと言ってよい。

もちろん、私は、「授業スタンダード」を完全否定するわけではない。

現場に、若手教師が増えている。大学を卒業して教師になったばかりの若手なんて、まさに「シロウト」。まともに授業などできない。それなのに、いきなり担任を任される。

授業をしなければならない。

そんな「シロウト」が困らないように、教育委員会は「授業スタンダード」をつくっているのだ。教育委員会だって、教師の集まり。つまり、善人の集まり。善良な教師が「シロウト」教師が困らなくて済むようにしているのだ。

しかし、その一方で、思う。授業に幅がなくなるな、授業が面白くなくなるな、と。「授業スタンダード」は、あれだけ面白い有田実践を否定することになる。この事実だけで、十分だ。「授業スタンダード」が、授業を面白くなくしている。

もう1つ、若手が心配することがある。有田式の授業で、テストの点が取れるのかということだ。私も、147ページに書いた。

保護者は、テストの点しか分からない。
保護者の信頼を勝ち得るためには、テストで良い点を取らせるのが一番だ。

有田氏の実践を丸ごと追試する。そして、テストをする。すると、どうなるか？

間違いなく、点数は取れない。そういえば、大昔に読んだ教育雑誌か本で、「有田学級は、ペーパーテストに強くない」みたいな記事を読んだ気がする。

しかし、テストに弱くても、関係ない。有田実践は、テストの点を上げるためにあるのではない。あくまで、「追究の鬼」を育てることが目的なのだ。

これ、やっぱり、今の時代はアウトだな。148ページにも書いた通り、

保護者に分かるのは、どうせ、計算と漢字だけ。

計算ができるようになり、漢字を覚えれば、保護者は満足する。

表現力を高めるとか、思考力を高めるとかは、教師の自己満足にすぎない。


「追究の鬼」も「表現力」「思考力」と、同じである。我が子が「追究の鬼」になろうがならまいが、保護者には関係ない。「追究の鬼」を育てるのは、「教師の自己満足」だ。

ここまで書いてきて、辛くなってきた。我々教師の存在意義は、なんなのだろう?

優れた有田実践ができない、学校現場。優れた有田実践を認めない、保護者たち。そして、「教師の自己満足」だと切り捨てる、私。

授業が、教育が、つまらなくなっている。こんな日本に、未来はない。

【著者紹介】

中村　健一（なかむら　けんいち）

1970年，父・奉文，母・なつ枝の長男として生まれる。

名前の由来は，健康第一。名前負けして胃腸が弱い。

酒税における高額納税者である。

キャッチコピーは「日本一のお笑い教師」。「笑い」と「フォロー」をいかした教育実践を行っている。しかし，この『ブラックシリーズ』でその真の姿，「腹黒」をカミングアウト。


【主要著書】

『策略―ブラック学級づくり　子どもの心を奪う！クラス担任術』

『策略プレミアム―ブラック保護者・職員室対応術』

『策略―ブラック授業づくり　つまらない普通の授業にはブラックペッパーをかけて』

『策略―ブラック学級開き　規律と秩序を仕込む漆黒の三日間』

『策略―ブラック運動会・卒業式　追い込み鍛える！行事指導』

『策略―ブラック生徒指導　二度と問題を起こさせない叱り方』

『策略―ブラック学級崩壊サバイバル術』

『策略―ブラック新卒１年目サバイバル術』

『策略―ブラック仕事術　誰にも言えない手抜きな働き方』

（以上，明治図書）

策略―ブラック授業技術
今さら聞けない基礎・基本

2024年２月初版第１刷刊　©著　者　中　村　健　一
発行者　藤　原　光　政
発行所　明治図書出版株式会社
http://www.meijitosho.co.jp
（企画）佐藤智恵（校正）武藤亜子
〒114-0023　東京都北区滝野川7-46-1
振替00160-5-151318　電話03(5907)6703
ご注文窓口　電話03(5907)6668

＊検印省略　組版所　株　式　会　社　カ　シ　ヨ

Printed in Japan　ISBN978-4-18-370027-8